Robert Kottwitz
Robert P. Martin

Hans und Franz erklären die Welt

Robert P. Martin
Robert Kottwitz

Hans und Franz erklären ihre Welt

Das hier sind 30 cm – Ehrenwort!

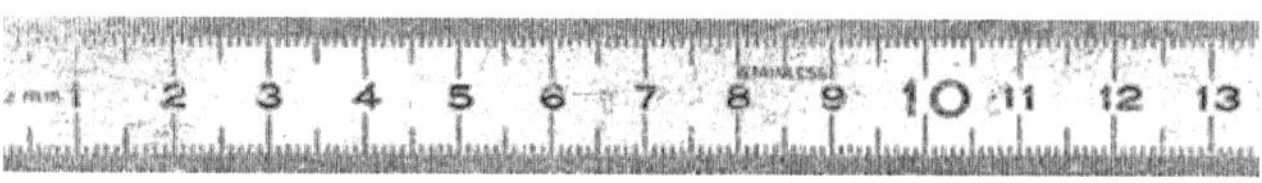

Chatverläufe und Textnachrichten mit Charakter.
– Die menschliche Wahrheit –

Rediroma -Verlag

Bibliografische Information der Deutschen Nationalbibliothek:
Die Deutsche Nationalbibliothek verzeichnet diese Publikation in der Deutschen Nationalbibliografie; detaillierte bibliografische Daten sind im Internet über http://portal.dnb.de abrufbar.

ISBN 978-3-98527-562-5

Cover: Robert P. Martin
Lektorat: Hans Hansi und Franz
Handyfoto: Christa Katharina Martin
Foto: Robert P. Martin

www.rediroma-verlag.de
11,95 Euro (D)

Über das Buch

»Wie kann man, Frau und Mann, die Welt, insbesondere das andere Geschlecht, ungeschminkt näherbringen. Die echte Wahrheit. Den glitzernden Kitsch. Manche sind doch echte Gaukler und Luftschlangenwerfer. Faschingsprinzen oder Blendgranaten!«
Am besten mit viel Witz und schrägem Humor. Aus diesem Grund lassen die Autoren: Franz und den eingefleischten Single und Frauenversteher Hans zu Wort kommen.
Sie erklären uns was Sie, liebe Leserin und lieber Leser schon immer über Beziehungen aus *männlicher* Sicht wissen wollten und den Rest des Lebens gleich mit dazu.

Über die Autoren

1968 geboren. Ein Kind der Hippie Bewegung schlug sich Martin mit vielen verschiedenen Jobs durchs Leben. Er liebt die Abwechslung und so kehrte er auch irgendwann, nach Studium und Beamtenkarriere wieder ins Hippie Lager zu seinen Wurzeln zurück.

Kottwitz der den gleichen geilen Vornamen bekam und im Jahre 1965 zum ersten Mal auftrat landete nach einer Kaufmannslehre, ebenso beim Staat. Hier studierte er Jahrzehntelang die menschlichen Abgründe. Er liebt das schöne Leben – *La Dolce Vita* – und hat sich viel mit der Geschlechterfrage befasst. Aktuell bringt er Licht bzw. Erleuchtung in das Leben seiner Mitmenschen.

»Um Feinde zu bekommen, ist es nicht nötig, den Krieg zu erklären. Es reicht, wenn man einfach sagt, was man denkt!«
(Martin Luther King[1])

---

[1] Martin Luther King (1929-1968), Pastor, Bürgerrechtler und Friedensnobelpreisträger.

Inhalt

Ouvertüre

Liebe Leserin und lieber Leser, schön dass sie neugierig sind und erfahren wollen was es mit uns im Universum auf sich hat. Viele haben schon versucht diese Frage(n) aller Fragen zu klären und sind gescheitert.

Hier kommen nun endlich nach mehreren tausend Jahren die Antworten. *Hans* und *Franz* erklären ihnen was ab geht und was zu einem Grell-Geilen-Leben gehört. Die Essenz aus vielen Jahren Lebensstudium. Die Wahrheit ist oft nicht leicht und nicht jedem wird sie schmecken. Das Ganze erfolgt in Form von Textnachrichten, die sich die beiden Protagonisten schickten. Zum besseren Verständnis klären wir kurz den Aufbau. Erstens ist das ein sehr *moralisches* Buch, wer etwas anderes behauptet und zu erkennen glaubt, liegt daneben. Sowohl Hans wie auch Franz sind integre Charaktere. Beide wissen um den Lauf der Welt und erfassen die Dinge so wie sie sind. Natürlich ist nicht jeder bereit für die volle Dosis Realität und in der normalen Welt, wird viel *geschwindelt*.

Wir gehen chronologisch vor. Das soll bedeuten die Nachrichten folgen in zeitlicher Abfolge aufeinander. Anmerkungen und Hinweise in den Chats, schaffen hier Klarheit, wo diese notwendig erscheint. Manche Figuren sind ihnen schon mal in anderen Büchern von Martin begegnet. Zu manchen Nachrichten sind Hintergrund Informationen in Anmerkungen oder Textnoten, zum besseren Verständnis angefügt. Beim Schnellen Tippen, sitzt nicht jedes Wort und oft leidet auch die Grammatik, aber gerade das macht die Zeilen authentisch.

Schauplatz der Chats ist der ***Mittelpunkt der Welt***, besser bekannt als ***Mannheim*** oder Mannheim2 (Quadratestadt) oder Monnem, auch Mannem und die schöne, einzigartige, Vinetastadt Barth, auch bekannt als das Atlantis der Ostsee.

Unsere Erzähler oder nennen wir sie einfach Short-Message-Texter erklären jeweils aus ihrer Perspektive die Einzelheiten, unseres Daseins, die großen Zusammenhänge und den Sinn dahinter. Legen sie ebenfalls los liebe Leserin und lieber Leser. Viel Spaß!

»Natürlich glauben wir die Wahrheit zu kennen und weil wir der Überzeugung sind, dass das Leben eigentlich ganz leicht ist und wie Dostojewski[2] schon klar darlegte, sind die meisten nur unglücklich, weil sie nicht wissen, dass sie glücklich sind. So einfach ist das im Leben – sie sind glücklich, sie wissen es nur nicht. Glücklich, glücklich! Es ist nur noch nicht in ihrem Bewusstsein angekommen. Glücklich, glücklich und nochmals glücklich. Wahrscheinlich werden sie nach diesen Zeilen ein anderer Mensch sein, weiser und glücklicher.«

Mannem - Barth, März 2022,

R.P.M. und R.K.

---

[2] Fjodor Michailowitsch Dostojewski (1821-1881), Schriftsteller.

Danksagungen und Widmung

Glück ist ein seltener Moment im Leben.
Wir werden ihn nicht allzu oft finden.
Deshalb genießt den Moment, habt Spaß, kümmert Euch um die Natur und dient einer gerechten Sache.
Dazwischen lacht viel, lasst locker, stresst euch nicht
und pflegt den Humor.

Ganz ganz wichtig liebt!
Denn das hält euer Herz
und den Geist jung.

Vielen Dank an Hans,
das Unikat.

Und bitte liebe Damenwelt,
habt Mitleid mit den Männern – wir können es einfach nicht besser!

No Sex

Heute: 10. Mai, 2020

»Ich *wichxe* nicht in der Dusche (Daumen nach unten Emoji). Das warst du, nicht Hans. Heut Abend in NDR-Bericht über Mecklenburg Seenplatte: 20.15 Uhr.«
»Okay und Oje. Wer behauptet das? Wo steht das?«
»In diesem Buch. Und danach schüttelst du Hände. Habe es Anja gesagt. Ja der Autor, schreibt in seinem Buch wie er sich einen unter der Dusche kloppt und dann *verwichste* Hand anderen zur Begrüßung gibt. (Antwort von Anja), der bekommt nie wieder eine Hand von mir.
»Anja vögelt sogar was bei drei noch am Ast hängt und es nicht auf den Baum geschafft hat und hier macht sie auf etepetete (erstaunt Emoji).«
»Ich sagte ihr. So schlimm ist es *ned* da er unter der Dusche *wichste* und so das *Zeug* flockig wurde. Wegen der Hitze.«
»Antwort von Anja, sie schickte Kotz-Emojis. Soll ich es auch noch an Susanne weitergeben? Sie wird dann *hot*.«

»Lacht! Hahahaaaaa geil. So machen es viele. Lol. Ja sende es ihr. Gerne. Soll es kaufen (Gemeint ist das Buch). Sag ihr ich hätte Buch geschrieben und du empfiehlst es zu Aufklärungszwecken.«
»Anja ekelt sich vor *Eierlikör*, aber treibt die übelsten Sachen. Frauen machen das auch immer. Finger in die Zuckerdose und dann Hände schütteln (Daumen n.o. Emoji.)«
»Ja geb dir recht. In dem Roman *Sumpfgebiete* oder bei *Total geiler Psycho* ist das alles erklärt.«
»Ich glaube nun, dass Anja eine *Schlechtfickerin* ist. Die Reaktion passt dazu. Verklemmt und ohne Esprit.
»Denke Sie will die Männer nur kurz erobern und dann war's das. Das ganze Intime ekelt sie an. Wie siehst du das?«
»Auch meine Überzeugung und auch Bericht eines Kerls, der sie bestieg. Ich bin gerade unterwegs.«
»Bist du biken?«
»Nicht biken. Date.«
»Wer ist es? Bébé? Anja will mir wegen Zaubersaft keine Hand mehr geben, aber du flirtest mit einer verheirateten Frau (Daumen n.u. Emoji).«

»Nein, nicht mit ihr. Eine andere die lernte ich über die Dating app kennen. Aber ich weiß auch, dass Anja nicht ehrlich ist, und ihre Treue zweifle ich stark an. Die geht fremd, jetzt wo ihr Mann auf Auslandsreise unterwegs ist. Das nutzt die voll aus. Sie kontaktiert mich ständig. Aber sowas mache ich nicht. Die Frau eines Freundes (Schwör Emoji).«
»Fremdgehen finde ich nicht so schlimm. Treue wird viel zu hoch angesetzt und überschätzt. Keiner ist treu. Weder Weiblein noch Männlein. Lacht! Wollen wir eine Fernreise machen? Zur Völkerverständigung (Regenbogen Emoji).«
»Mit Anja ist es aber trotzdem immer lustig. Ihre Geschichten sind geil. Mir langt Europa und die Kanaren. Will nicht so lange fliegen. Wenn mein Geld langen würde für Ausstieg, würd ich es machen wie du. Aber kleines Auto und Moped müssten drin sein.«
»Bitte keine Details mehr, sendete Anja gerade.« Du bist ja empfindlich, habe ich ihr geantwortete. Ja in gewissen Sachen schon, schreibt sie zurück. Aber bei männlichem *Heilsaft* ist das nicht so?, antwortete ich zurück. Bedingt schreibt sie zurück.«

»Glaube Anja kann nur verbal *rumgeilen* und Hiebe austeilen. Sie ist eine narzisstische *Schlampe* (Smile Emoji).«
»Pennst du gerade oder machst du Hirsebrei? Dauert immer so lange bis du antwortest.«
»Hirsebrei. Pennte lange heute bis 11 Uhr. Als Selbstständiger kann ich mir das erlauben. Die Patienten sollen warten. Außerdem ist Sonntag da wollen nur wenige etwas von mir. Ich aß um 12 Uhr Frühstück mit Immerrot«
»Ach die Immerrot. Die lässt nicht locker. Ok, heute ist Muttertag.«
»Meine Mutter hat mich immer geprügelt. Für mich ist der Tag nix. Hör mal, wenn du mit Anja zusammen bist, dann erzählt sie dir alles in schmutzigsten Details. Zumindest redet sie immer nur vom *Bügeln*. Wahrscheinlich macht sie aber gar nichts Gescheites und es ist nur heiße Luft in ihr. *Herrencreme* an den Händen oder im Haar ist doch harmlos. Ich glaube, wenn die wüsste was du so alles anstellst, dann wäre die total entsetzt. Lacht!«
»Ja bestimmt. Übrigens, wünschte Glückwünsche zum Muttertag zur Mutter. Mehr ist nicht drin.«
»Reicht doch! (Daumen n.o. Emoji)«

»Wieso bin ich der Hans eigentlich im Buch, also ich, das bist doch du?«
»Hans? (Erstaunt Emoji) Nö, distanziere mich vehement davon. Ich bin Franz. Hans ist der Wixer.«
»Lol. Denke die Anja, erzählt nur von der Show außen rum. Glaube das ist es was die anturnt. *Verbalerotik.*«
»Naja gut, denke auch Anja hat keine Ehre und wahre Leidenschaft, wie bei dir Hansi dem *Vögler* ist selten.«
»Wahre Leidenschaft hab ich auch nicht. Sie machen mich alle nicht mehr wirklich an, da ich sie fast alle schon hatte. Ich bin da sehr menschlich, denn das was im Überfluss zur Verfügung steht reizt einen nicht (traurig Emoji).«
»Das ist ein großes Problem. Du hattest einfach schon zu viele Frauen, das ist es du bist ihrer überdrüssig. Es ist diese verdammte Konsum-Kacke, deshalb schmeckt das ganze Leben schal. Du solltest etwas Neues ausprobieren! (Grins Emoji)«
»Ja glaube du hast Recht. Sexverzicht. Denke daran sowieso meist. War jetzt gerade für mein Date, irgendwie unnötig der ganze Aufwand.«

»Du könntest Minimalist werden wie Vergil[3] oder Frugalist wie ich. Das hebt die Stimmung. Ich spüre auch dass meine Geilheit durch mentales Training wie Mitternachts-Yoga und Dauer-Mediation gut in den Griff zu kriegen ist. Dann bist du nicht mehr so fremdgesteuert. (Sonnenbrillen Emoji)«
»Es gibt aber Dinge, auf die ich nicht verzichten will.«
»Oke, ich will mal zu Meisterinnen gehen, die Sex Yoga anbieten oder Tantra.«
»Du willst in Puff oder Swingerclub. Das macht Anja auch (Daumen n.u. Emoji).«
»Nein. Ich meine das Ernst. Das soll was bringen, auf Dinge zu verzichten. Nicht immer alle Pfeile aus dem Köcher schießen. Das hält lange vor, stärkt dein Mindset und hat mit *Pufferei* nichts zu tun.«
»Hab ich noch nie gehört. (Erstaunt-Emoji)«
»Musst du auch gar nicht. Aber du solltest dich aufs Wesentliche beschränken. Zum Bsp. mit *verwichsten* Fingern, Hände schütteln. Lacht! Wenn du die Bücher durchhast, bist du ein neuer Mensch und wirst aufhören mit

---

[3] Charakter aus der Göttlichen Komödie und dem Buch Getäuschter Mann.

dem verdammten Hamsterrad (Schwör Emoji).«

Anmerkung von Franz
Bei den Büchern handelt es sich um „Jeder Tag ist ein Abenteuer“ von P. Tournier[4] *und Jiddu Krishnamurti*[5]*, „Über die Liebe“ und Jack Kerouac*[6] *„Gammler, Zen und hohe Berge“.*

»Das *Vögeln*, das könnte ich glaube ich ganz lassen.«
»Du darfst nicht mehr daran denken. Basta. *Fickdenken* beenden und an etwas anderes denken und tun, zum Bsp. Walken, Sauna oder Karate.«
»Ja ... (Smile Emoji)«
»Die *besseren Hälften* erwarten auch immer mega Performance und selber liegen sie nur rum (Daumen n.u. Emoji).«
»Ja. Ist mir auch zu viel.«
»Brüste sind alle faltig. Es ist an der Zeit der Realität in die Augen zu blicken. Schonungslos. Die Dinge sind hoffnungslos.

---

4 Paul Tournier (1898-1986) Arzt und Philosoph.
5 Jiddu Krishnamurti (1895-1986), Philosoph.
6 Jack Kerouac (1922-1969), Schriftsteller und Beatnik.

Mein Arsch ist auch faltig. Ende und aus mit der *Aufsattelei*!«
»(Daumen nach oben Emoji). Sind nur übergroße außen befestigte Drüsen. Lächerlich. Manche macht es sogar krank. Der Fachmann spricht dann von Drüsenfieber. Schlimmer als Korona.«
»Ja stimmt. Glaube, das heißt dann *Pfeiffersches* Drüsenfieber.«
»Genau.«
»Wir müssen als Männer aufpassen, dass wir nicht ausgesaugt werden. Manche Narzisstinnen versuchen dir über die *Goldrute*, das Stammhirn auszusaugen, damit sie dich besser kontrollieren können. An die Stelle vom Stammhirn, drücken sie dir dann etwas von ihrer Spucke, gemischt mit Muschelsaft über den *Saug-Rüssel* rein.«
»Nicht zu fassen (Erschrocken Emoji).«
»Es ist wahr ich kenne solche armen Geschöpfe und Opfer. Sie sind nur noch ein Schatten ihrer selbst. Ihr Rückgrat und Wille sind gebrochen. Die habe ich zuhauf in meinem praktischen Alltag (Traurig Emoji).«
»Ja, es gibt viele, verdammt! Du hast so recht. Es muss mal an die große Glocke. (Brüll Emoji)«

Mir reicht´s

Heute: 15. Mai 2020

»Habe Stress. Mega Stress (Aufgeregt Emoji).«
»Ok Franz. Du *wigxst* doch bestimmt nur den ganzen Tag.«
»Nein. Mir reicht es mit der Familie. Ich lasse die alle sitzen habe ich heute beschlossen.«
»Was willst du tun? Suizid mit der Dienstwumme? (fragend Emoji)«
»Nein, abhauen. Breche die Zelte ab. Gehe in den Osten, dorthin wo es nur Landsitze und Schlösser und Natur und einsame Frauen gibt.«
»Nimm mich mit als Schlossverwalter. Ich mache den lüsternen Hausmeister und Einstellungstester für das Gefolge.«
»Entweder sind die verrückt oder Ich. Ist aber egal. Besser ist Trennung. Ich kann nicht anders. Ich ziehe in den goldenen Osten. Nach MC-Pomm. Da ist es gut. Luft top. und die Leute noch normal. Kultur auch und günstig. Du wirst mein Burgwächter, logo«
»Ja. (Daumen nach oben und lach Emoji)«

»Habe eine neue Wohnung entdeckt. Luxus Bleibe. 92m2 für 300 Tsd. Euro. Direkt am Hafen. Fahrstuhl im Haus. 600 Euro monatliche Hypothek ca. Hausgeld 192 Euro.«
»Wo genau?«
»Zingst, Fischland, German Südsee. (Sonnenbrillen Emoji)«
»Nicht abgeschieden in der Natur?«
»Direkt Fischland. Natur vor der Tür. Leben im Hafen und Wilderness vor der Haustüre.«
»Schrebergarten wäre auch noch eine Alternative. Bushcraft in der Kleingartenanlage.«
»Nein. Wir brauchen ein Schloss. Ich schicke dir die Daten. Gehst du mit?«

Anmerkung von Hans
Franz braucht dringend Tapetenwechsel und will deshalb an die Küste ziehen. Er braucht Ruhe.

»Ja, wenn es Ablenkung gibt. Mit Gespielinnen? (Smile Emoji und Wassertropfen Emoji)«
»Immer, aber du willst doch nimmer. Die Familie wird sich umschauen. Mir reicht es wirklich.«

»War ein Vorfall?«
»Ja, irre ist das alles. Meine Große hatte in der Nacht Herzprobleme.«
»Was Ernstes?«
»Weiß nicht. Sie meinte es schlug wohl zu schnell, da ist sie aufgewacht. Sie weckte mich nicht und ging hoch zu Opa. Dem *Ober-Narzissten*. Ich habe das Gefühl, die Leute drehen durch wegen Korona und den Umständen. Meine liebe Tochter ist häufig schlecht gelaunt. Hängt am Handy wie Anja und Borderline zusammen. Meine Mutter noch mehr. Die ist 24h online. Sie ist der einzige Mensch, der ein iPhone kaputt surft. Aber meine Tochter ist jung und die kommen nicht aus dem Quark. Ich gebe mir solche Mühe mit ihr und dem Leben. Aber sie haben kein Interesse. Anstatt Zeit mit mir zu verbringen, glotzen die lieber in einen Bildschirm. Ich bin sehr traurig.«
»Deine Tochter ist noch jung. Sie brauchen auch ihre Freunde. Sei nachsichtig mit ihr, würde ich sagen (Daumen n.o. Emoji).«
»Ja das stimmt irgendwo. Aber die Stoß-Richtung ist falsch. Ich gehe Ostsee. Habe dem Makler geschrieben. Würde in etwa so viel Auslagen wie hier haben, mit dem Unterschied, dass ich Eigentum erwerbe. Die

Leute erkennen das Wesentliche nicht mehr. Sie sind Gefangene der Konzerne. Und alle sind so Ich-bezogen. Scheisse (heul Emoji).«

»Du hast teilweise Recht. Aber für manchen Spass braucht man halt auch etwas Kohle und Spass ist kein Verbrechen. Den darf jeder haben wollen. (Glotz Emoji)«

»Klar, aber es geht nicht nur nach hedonistischen Prinzipien. Mein erster Gedanke morgens geht zu meinen Kindern. Was kann ich heute für sie tun. Gesundes Frühstück, was spielen oder etwas basteln, lernen. Was kann ich mit ihnen Vernünftiges unternehmen, um sie weiterzubringen. Ihre Entwicklung. Das ist mir wichtig. Sie sollen sich in dieser Welt zurechtfinden können. Aber da ist kein Interesse. Sie glotzen Handy und sind von morgens an schon schlecht gelaunt. Da stimmt was nicht.«

»Stimmt. Nachtigall ick hör dir trapsen. Anja ist auch nur am Handy wie Borderline. Die Leute gleiten ab, in digitale Welten (traurig Emoji).«

»Es ist ein Sog, wie ein schwarzes Loch. Darf halt nicht auf Kosten anderer gehen. Tuts aber. Die Schule macht nur Probleme. Die Gehirne werden dort konditioniert auf Unterdrückung und Anpassung und Stress.

So dass sie diesen Zustand als normal empfinden. Das einzige Problem ist der Mensch selbst und seine lächerlichen Ideen. Die Natur ist perfekt (Daumen n.o. Emoji).«
»Da ist was dran. Ich habe viel Spass und es kostet fast nichts. Sex einmal im halben Jahr reicht mir total und ich bin glücklich (Smile Emoji).«
»(Daumen n.o. Emoji) Ich habe viel Freude beim *Wixen* und auch sonst. Ich gehe deshalb, mich brauchen die hier nicht.«
»Du bist grade in schlechter Stimmung. Hab schon den Eindruck, dass deine Kids dich brauchen.«
»Niemand braucht mich. Wenn dann mögen die mich gut leiden, weil mein Leben geil ist. Ich kann mir viel leisten. Muss nicht auf den Euro schauen, weiß paar Dinge und mache coole Sachen. Bei mir knallts. Den ganzen Tag Feuerwerk (Sonnenbrillen Emoji).«
»Du solltest mal Pause machen. Du bist nicht Dean, Jack Kerouacs Freund.«
»Ich glühe, ich brenne voller Lebensenergie. Das Leben ist so grell-geil, wie 'ne Packung Hofmänner 2000[7].«

---

[7] Albert Hofmann (1906-2008), Chemiker und Erfinder des LSD.

»Früher waren's Eckstein. Klingt gut, aber auch als würdest du von beiden Seiten die Kerze anzünden. Da bleibt nur die Hälfte der Zeit.«
»Das ist es ja und die Meinen lassen mich nur schufften. Ich will jetzt aber Künstler sein (Freude Emoji).«
»Mach doch. Hast doch schon paar Sachen veröffentlicht und die Presse schreibt über dich. Kann mich an dein Müll Bild erinnern (Daumen n.o. Emojii).«
»Ja tue ich auch, aber als Mensch interessiere ich die nicht. Als Objekt schon. Objekt der Begierde. Sie wollen mein geiles Life. Die Familie und die Presse. Narzisstischer Missbrauch überall. Scheiß digitale Gesellschaft. Verdammte Scheiße. Scheiß Evolution, Scheiße, scheiß ... (3 Kotz Emojis)«
»Ah. Der große Beschiss. Glaube du liegst da falsch. Vielleicht hast du dich zu viel damit beschäftigt, du liest zu viel philosophischen Müll und siehst alles nur noch unter diesen Gesichtspunkten (Daumen n.u. Emoji). Und viele Hasis hätten dich nur zu gerne.«
»Es ist egal. Ich spüre Brechreiz. Alles ekelt mich an. Menschen sind ersetzbar. Ich gehe. Heute war der letzte Tag, wo ich mir das angetan habe. Die sollen ihren Kram selbst

machen. Aber ich mache jetzt meins. Ich habe keinen Bock mehr auf *zickige Bitches* und nörgelnde Gaffer. (Smile und Faust Emoji)«

»Überlege es dir gut, aber wenn es muss, dann muss es. Veränderung macht glücklich.«

»Ich habe so ein Grell-Geiles-Leben. Ich will es genießen und dankbar sein. Jeder ist eingeladen die positiven Vibrationen zu fühlen und zu genießen. Aber die Leute sind total verwöhnt. Die einfachen Dinge reichen ihnen nicht. Mit nichts zufrieden (Unverständnis Emoji).«

»Ist schon was Wahres dran.«

»Und die Hasis können alleine hoppeln.«

»Mit den Hasis oke, aber mit dem Rest brems dich mal bissel ein (Daumen n.o. Emoji).«

»Nein, ich gebe Vollgas jetzt. Entweder Totalschaden oder Triumph. Verdammt mir reicht das Gezicke und Genörgel. Alle sind ständig launisch, mies drauf, obwohl es keinen Grund dafür gibt. Das Leben ist ein Wunder und ich vollbringe täglich Zauberkunststücke (Regenbogen Emoji). Es läuft prima, aber die anderen bewerfen mich mit Schmutz. Das zieht mich runter.«

»Das Leben ist kein Zuckerschlecken (Traurig Emoji).«

»Ja, normalerweise, aber bei mir schon gerade, auch jetzt. Ich ernte die Früchte meiner langen Arbeit und will das Genießen und nicht besudelt werden.«
»Das steht dir zu! (Daumen n.o. Emoji)«

Es gibt (k)eine Liebe

Heute: 22. Mai 2020

»Spüre Stress mit den Frauen Hans (Mundwinkel nach unten Emoji). Ständig schreibt mir eine. Immer wollen sie was. Erkläre mir das mit der Liebe nochmal?«
»Gibts nichts zu erklären. Es ist nur der Grad der Kompatibilität. Die Übereinstimmung der Steckverbindungen. *Mumu* und *Penis* sind wie Stecker und Dose oder Koppel und Schloss oder der Schuh von Schneewittchen und der Fuß der *blöden* Schwester, der nicht passt.«
»Achso, wenn Blut fließt, dann passt es nicht? Das ist Schrott Aussage nicht hot (Daumen n.u. Emoji).«
»Du verdrehst die Tatsachen. Es muss zwischen Frau und Mann klick machen, wie bei einer Steckschnalle an deinem Wanderrucksack. Lol.«
»Es machte klack. Ich liebe meine Freundin sehr. Und Bob liebte seine narzisstische Tinkerbell doch auch. Nur leider war ihre Liebe geheuchelt. Dieses *M-Stück*. (Wütend Emoji) Wenn ich jetzt Grob überschlage, dann

könnte Bob im Moment so fünf Ladys beglücken. Aber leider geht das nicht, denn er ist blockiert, wegen seiner Trennung. Wegen der Ex. Das nervt. (Daumen n.u. Emoji) Die letzte meinte aber zu ihm, sie könnte seine Blockade wegmachen. Was könnte die damit gemeint haben?«
»Sie geht an seine *Nudel* und macht den Knoten raus. Du meinst doch nicht den Bob aus dem Buch *Getäuschter Mann*?«
»Doch, klar wen sonst. Kenne nur noch einen Bob und der ist leider schon tot. Aber war ein super Typ und führte ein geiles life drüber in den Staaten.«
»Ahh dein Cousin. Schade. Denke er war ein dufter Typ.«
»Ja, das war er. Ein Lebemann wie Dean. (Daumen n.o. Emoji) Und das mit der Nudel, das wäre toll. Da ist ja auch echt ein Knoten drin, sogar ein Gordischer. Aber was sagst du dazu, dass ich Tinkerbell wirklich liebte. Ich bildete mir das doch nicht ein.«

Anmerkung von Franz
Hans schweigt sehr lange. Entweder raucht er oder er ghosted. Das macht er gerne. Dann helfen harte Worte.

»Penner? Du verdammter *Wixer*! Bist du wieder eingeschlafen? (fragend Emoji)«
»Nein. Das bildest du dir nur alles ein, du geiler Bock. Du verwechselst große Geilheit, mit Liebe.«
»Das kann sein, denn ich bin wirklich sehr geil. Ist es in Wirklichkeit nur der Trieb? Gehe ich der Natur auf den Leim, wie ein Verschwörungstheoretiker?«
»(Brüll Emoji) Zweifelst du etwa an meinen wissenschaftlichen Ergebnissen. Meiner jahrzehntelangen praktischen Forschung bez. Liebe? Dann bist du ein Schwurbler. Ja der pure Trieb, sonst nichts. Warum sollte Liebe bei Mann und Frau mit Sex verbunden sein, wenn es in allen anderen Fällen von Liebe nicht so ist? (Zwinker Emoji) Also Eltern-Kind-Liebe oder Liebe zu Haustieren.«
»Ich bin verwirrt. Es könnte zwar sein. Zumindest bei Haustieren bin ich mir ziemlich sicher, dass da manchmal auch Sex im Spiel ist. (betende Hände Emoji)«
»Liebe zwischen Mann und Frau ist Mumpitz. Meine Theorie ist praktisch der Beweis.«
»Es gibt also keine echte true love zwischen Frau und Mann? Es ist alles nur Einbildung? Der Kopf gaukelt einem was vor?«

»Ja, eine Verwechslung zwischen Liebe und Geilheit, manchmal mit Suchtpotential. Die Erziehung und Verblödung unserer Gesellschaft haben dein Hirn verwirrt.«
»Je geiler desto mehr liebt er dich denken die Frauen, dabei ist er ohne Hirn und Herz dabei. Männer haben kein Herz, nur eine Pumpe *(#daumen n.o. emoji*). Im Alter, wenn die Geilheit geht, machen sie dann auf Liebe, aber das ist auch gelogen. Da drehen sie den Spieß rum und suchen eine Pflegerin.«
»(Brüll Emoji) Ja glaube dir. Das macht mich traurig«
»Denke die anderen, die *Bräute*, lieben aber ebenfalls nicht.
Wollen nur was Bestimmtes von dir. Etwas Materielles. Wir sprachen bereits drüber.«
»Ja, auf der anderen Seite ist es noch übler. Da haben sie noch das Geld-Gen meintest du?«
»Einen Diamantring sehen sie als Liebesbeweis. Das ist total perfide (‚Daumen n.u. Emoji).«
»Ja, wo doch jeder weiß, dass es Blutdiamanten sind.«
»Das stört sie nicht. Ein übler Trick für uns und irre.«

»Ja totaler Schwachsinn. Liebe ist es vielleicht nach Jahrzehnten des Zusammenseins und Sexlosigkeit.«
»Wie Platon[8] schon mit seiner platonischen Liebe erklärte. Leider wurde es falsch verstanden (Mundwinkel n.u. Emoji).«
»Die meisten wollen halt nicht selber untersuchen, sondern lassen sich alles vorkauen.«
»Wenn du dich für sie zu Tode rackerst, dann sind sie glücklich und erzählen es überall rum und faseln etwas von der großen Liebe. Du drehst dich im Grabe rum, kannst dich aber nicht mehr wehren.«
»Naja immerhin, wäre das große Dankbarkeit oder sogar Liebe über den Tod hinaus. Aber du gibst es auch zu. Es gibt sie doch. Du bist ein Romantiker.«
»Bei ganz alten Ehepaaren. Vielleicht dann (Daumen nach oben Emoji). Vielleicht ist es dann aber auch nur Gewohnheit, die man braucht, um überleben zu können.«
»Brüll. Du hast ein Herz für die alte Liebe.«
»So weit bin ich noch nicht vorgedrungen in dieser Materie, aber meine Forschung wird

---

[8] Platon oder Plato aus Athen, antiker griechischer Philosoph.

fortgeführt. Wenn es so ist, ist das Ende vom Sex der Anfang der Liebe (Smile Emoji).«
»Oke. Du bist ein großer Philosoph, ohne studiert zu haben. Also, wenn man Liebe will, muss man abstinent sein. Du hast diesen Zustand fast erreicht. «
»Jawohl.«
»Nur so alle 6 Monate, musst du deine Theorie überprüfen und machst dann einen Test-Bums.«
»Genau, dann merke ich, es ist den ganzen Aufwand, das viele Süßholzraspeln, bis du eine rumgekriegt hast nicht wert.«
»Oke (Daumen n.o. Emoji), ich kann das respektieren. Aber du bist doch auch immer so schnell genervt von den *Ollen*. Du *hasst* sie?«
»Nein, ich anerkenne nur ihre Einstellung (Sonnenbrillen Emoji Gesicht).«
»Das sind Vorurteile. Was soll sich daran ohne Sex ändern.«
»Es ist eher so, man will keinen Sex mehr. Aber man will trotzdem zusammenbleiben, dann könnte es Liebe sein. Da stockt meine Forschungsarbeit dann momentan.«
»Weil du lieber Single bist!«

»Nein habe nicht mehr die Chance, auch selbstverschuldet wegen fortgeschrittenem Alter und keiner jahrzehntelangen Beziehung.
Selbdtversuch.
Selbstverschuldet.
Votze Tastatur.«
»Du bist geil auf die Tasten? (Grins Emoji)
»Fick dich!«
»Das ist (k)eine Liebe (Regenbogen Emoji).«
»Ich beschimpfe sie. Hasse sie nicht. Ob ich deshalb weiter komme mit meiner Forschung ist fraglich? Kann es nur von anderen erfahren. Muss es dann genau auswerten.«
»Du bist ein großer Wissenschaftler (Daumen n.o. Emoji). Diesen ganzen Aufwand nimmst du auf dich. Selbstlos ist das. Opferst dein Leben, der Wissenschaft.«
»Ja und der Einzige der es erkennt.«
»Du könntest aber mit jemandem zusammen gehen ohne Sex, aber wegen Liebe.«
»Ja das ginge (erschrocken Emoji).«
»Dann könntest du deine F-Arbeit beenden. Vielleicht sogar eine Doktorarbeit daraus machen. Es wäre ein Meilenstein in der Paartherapie (Daumen n.o. Emoji).«
»Ja also, wenn dir eine an die Wäsche will weiß du genau sie liebt dich nicht.«

»Lol. Hans erklärt Beziehungs-ABC. Glaube da ist was dran. Es ist ein Naturgesetzt. Du bist ein Prophet. Ich wollte bei Tinkerbell am Anfang nicht ran, aber Sie. Bei mir war es also Liebe und bei ihr Geilheit.«

»Genau das ist der Beweis. Lol.«

Es ist nicht alles Gold was glänzt!

Heute: 28. Mai 2020

»Es ist vorbei Hans. Du musst All in gehen an der Börse!«
»Wieso? (fragend Emoji)«
»*Streeckie* sagte bei Bulldog im TV, es gibt wahrscheinlich keine zweite Welle. Alles wird weiter gelockert werden. Vielleicht auch Fussball, nur Theater und Massen-Orgien nicht.«
»Oke, dann liegen so manche richtig falsch, die noch viel cash horten? Aber wer ist Bulldog.«
»Lanz ist damit gemeint. Der Lanz Bulldog. Er macht alles platt mit seinen PS.«
»Brüll. Der Bulldog furcht die Meinungen unter, bei den *Öffis*[9]. Und cash ist Schrott. Auch wegen der Inflation.«
Ja, logo! Ich liebe die Frauen. Maria und die Heraus Dame waren total beeindruckt von meinem tollen dicken, harten und glänzenden Goldbarren (Smile Emoji).«

---

[9] Gemeint ist der öff. Rundfunk.

»Das ist gut. Du hättest Sie *hobeln* müssen.«
»Wen von den beiden?«
»Beide. Gangbang in München beim Goldhändler. Lol. Autor sucht neue Storys.«
»(Smile und Daumen n.u. Emoji)) Ich bügle nur Gummi Muschi. Ich bin raus in dem Spiel und vegan zudem. Deshalb kann ich meine Goldrute auch nicht in eine lebende Schnecke stecken.«
»Ok, verständlich. Das würde deine Ethik ankratzen.«
»Nie mehr echte *Fut*. Geht nicht mehr. Ich bin ein sanfter Riese.«
»Ja egal. Danach denkt man(n) eh immer, wofür der ganze Aufwand (Daumen nach unten Emoji).«
»Ja, *fleschlight* reicht. Ich bin Minimalist oder CS[10].«
»Du kannst an der *Gummimuschi* einen *Tagessuppe-Tank* anbringen.«
»Hab ich schon. Ich will daraus irgendwann ein Geschäft machen mit Veganerinnen. Natürliches Bio B12 in sahnig cremiger Konsistenz (Regenbogen Emoji).«
»Du bist ein Fuchs.«
»(Lach Emoji), stecke immer *Honig* rein, von Gelhart, damit es echter riecht.«

---

[10] Cybersex

»Das ist nicht vegan. Außerdem meinte neulich der Frauenarzt zu Anja, wenn's nicht gut riecht oder schmeckt, ist was nicht in Ordnung. Du müsstest Tomatenmark nehmen oder Kräuter-Remoulade.«
»Ok, probiere es aus (Daumen n.o. Emoji). Nehme vielleicht Räuchertofu.«
»Ja, ist auch gut. Aber ohne Pfeffer oder so.«
»Ja Tofu Natur oder Seidentofu, der ist so schwabbelig, wären am besten.«
»(Brüll Emoji). Und, wenn genug da ist, ich meine in deinem Tanklaster, dann wird der zusammen gebolzte Tofu, dann als Sauce Hollandaise zum Spargel dazu serviert. Nur in den feinsten Clubs und Bistros. Ein tolles Veganer Mahl mit natürlichem Vitamin B12, der Superdroge Dopamin, Magnesium, Eiweiß, Fructose, Kalium, Zink, Opiate, Testosteron, Enzyme und Millionen kleiner weißer Ritter. Also du siehst ein wahres Wundermittel.«
»Yearrr, Superfood. Maria, sieht mich immer so an«
»So geil und lüstern?«
»Jaaa... (Daumen n.o. Emoji)«
»Sie ist halt rallig.«
»Es tut mir leid. (Seufz Emoji)«
»Ja, du darfst ihr keine Hoffnung erwecken.«

»Wir waren noch lange in München. Aßen zusammen bei Vapiano und gingen an der Isar spazieren bis zur *EZB*.«
»Die Arme. Vermutlich fühlt sie große Kompatibilität.«
»Ich lud sie zum Essen ein bei Vapiano, sehr exklusiv dort und ganz Gentleman, bezahlte ich die Rechnung.«
»Kein Gericht kann deine Sahne ersetzen (Schwör Emoji).«
»Stimmt, aber die brauche ich für das Gummiding und mein Business mit den Veganerinnen.«
»Du bist so weise.«
»Ich brauche deine Hilfe!«
»Ich soll sie rannehmen?«
»Ja, bitte. Quick und dirty.«
»Ich helfe, wo ich kann.«
»Ich bin beruhigt. Sie hat einen guten Bums verdient und braucht es auch glaube ich (flehende Hände Emoji).«
»Sie wird denken, eine Rüttelmaschine bearbeitet sie.«
»Ja so ein mega Ding von Caterpillar. Du besorgst es ihr und während du abspritzt, rufst du Gruß von Franz.«
»Wird gemacht (Schwör Emoji).«

»Was könntest du noch aus Nächstenliebe tun?«
»Werde ihr Komplimente machen«
»Das ist gut. Das glauben sie immer. Welche?«
»Du hast eine *schöne nasse geile Grotte.*«
»Ja klingt gut. Das wird einschlagen wie eine Bombe. Hast du noch eins? Etwas noch Charmanteres. Wie: Dein *Honigtopf* tropft wie ein Kieslaster.«
»Ja oder, ich will eine Kondesmilchdose mit deinen *Nippeln* öffnen.«
»Geil, das ist mega. Sie wird durchdrehen (Große Freude Emoji).«
»Ich weiß was Frauen hören wollen.«
»Du bist der Mozart von Ladenburg.«
»Ja, Liebesgeflüster der besten Sorte werde ich ihr schenken. So laut ich kann.«
»Top. Du weißt einfach, wie es geht. Seit du das mit dem Punktesystem der Frauen weißt.«
»Jihaaaa. Und ich mache das bei offenem Fenster, damit alle Nachbarn, wissen wie toll sie ist.«
»Okay. Gute Nacht Adonis!«
»Gutnacht.«

No Women

Heute: 24. Juni 2020

»Ich bin irgendwie völlig durch mit den Frauen (fassungslos Emoji).
Kann aber nicht sagen warum. Bin einfach nur zu faul dazu.«
»Okay. Das ist doch oke. Was willst du nun tun?«
»Nix. Ich lasse es wie es ist (Smile Emoji).«
»Lol. Das ist sehr weise von dir. Ich lasse mir heute Mal die *Palme schütteln*. Das reicht mir aktuell. Dann bin ich mind. zwei Tage glücklich und zufrieden (Regenbogen und Wassertropfen Emoji).«
«Von deiner Nachbarin? Ich bin ein alternder Rüde.«
»Nein, eine Touristin, Römerin. Habe ich gestern in einem Café kennengelernt. Komme sehr schnell im Moment. Ist mir peinlich. Bin ein *Schnellspritzer* geworden. Wie so ein läufiger Hund bin ich. Wird Zeit, dass ich regelmäßiger Sex habe!«
»Denke auch du *lümmelst* zu selten. Musst Öfter *Banane schälen*. Aber du weißt schon,

ihre Hoffnung steigt und du willst nix von ihr.«
»*Wixe* doch mind. zweimal am Tag. Was soll Ich denn bloß tun? Bin halt so *horny*. Muss am veganen Essen liegen.«
»Du darfst nicht mit ihnen spielen Franzi (nachdenkendes Gesicht Emoji).«
»Sie ist sehr nett und ich erklärte schon, dass ich in der Regel nur Cybersex mache und dass es eine Ausnahme bleiben muss. Aber sie will trotzdem. Scheint ausgehungert und geil meine Römerin. Wir waren schon FKK machen (Palme Emoji).«
»Das ist schlau (Daumen nach oben Emoji). Du hast die Karosserie erstmal in Augenschein genommen.«
»Was soll ich nur machen. Ich muss ständig an Sex denken, bei jeder Frau.«
»Therapie Franz! Bei jeder (Kritisches Gesicht Emoji), dann dringend in die Klapse. Da hast du ja schon Erfahrung.«
»Denke drüber nach. Sage dem Dok. Ich brauche Hilfe , ich bin notgeil. Übrigens schenkte ich ihr reinen Wein ein. Sie weiß, dass ich keine Beziehung will. Sie meinte nur lapidar. Es fühlt sich gut an.«
»Ahso. Dachte es gab nur FKK bisher.«

»Ja, aber irgendwann, meinte sie ihre Haut wäre so trocken und ob ich ihr nicht den Rücken eincremen könnte. Ich bin doch einfach zu gutmütig. Dabei bekam ich einen *Ständer.*«
»Den hat sie dir dann abgezogen?«
»Ja und sie meinte, das ist kein Problem, sie macht das immer gerne für mich. Ich bin der Römerin sehr dankbar, dass sie mir ab und zu den *Aal buttern* will. Und sie erhält etwas zurück. Sie ist fast Veganerin und da sollte sie mir für diese extra B12 Quelle dankbar sein.«
»(Daumen n.o. Emoji) Du gibst ihr Lebenselixier, das ist großzügig von dir. Anja könnte dich begleiten. Sie treibt es mit Männlein und Weiblein.«
»Glaube die Anja ist nicht gut im Bett?«
»Glaube ich auch. Hörte da schon so Manches.«
»Ich bin ein guter *Bumser. Mega Rüttler*, aber gerade blockiert, deshalb nur CS und Handquirl.«
»Das erstere denkt Anja auch von sich (Lach Emoji).«
»Aber ich leide nicht an Realitätsverlust. Nehme keine Sexdrogen und kann selbst total frigide *Frauenzimmer* zum Wahnsinn treiben. Ich erinnere dich nur an die

Schweizerin. Sie hatte noch nie einen Orgasmus und dann kam ich. Alle sagen ich würde so gut *schlecken*. Du kennst mein Geheimnis. Sie lieben meine Zunge. Mein Zahnarzt meinte schon, die wäre sehr hart und gelenkig.«
»Ja gut das stimmt. Das mit dem ABC ist top. Anja bläst halt aus Prinzip nicht. Findet es ekelig.«

Anmerkung von Hans
Anja ist eine gute Bekannte und sehr sehr harmlos ausgedrückt: Sexsüchtig.

«Die ist total irre. Wie kann man nicht *tröten* als gesunde Frau. Die meisten Damen kommen nur durch *cunnilin-kuss*. Aber die findet ja auch *Liebessaft* ekelig. Schätzungsweise auch Sahne auf dem Eisbecher. Es folgen Drei brüll Emojis«
»Ich lecke auch. Man(n) muss nur immer richtige Haltung finden, sonst bekommt man Nackenschmerzen (Schrei Emoji).«
»Logo, am besten auf Rücken legen und Face-sitting. Das ist sehr praktisch.«
»Verdammt, hätte ich früher wissen müssen (Daumen n.o. Emoji). Ich habe mir schon Halswirbel ausgerenkt.«

»Sie darf dann nicht zu schwer sein. Sonst ist man(n) platt und bekommt keine Luft. Uffbasse (Wütender Emoji).«
»Stimmt genau. Ist sie zu schwer, wird es sogar gefährlich. Kannte mal einen der war nach Face-sitting mause tot. Er war einfach zu gutmütig. Bekam keine Luft mehr. Er erstickte jämmerlich.«
»... am liebes *Eufz* (heul Emoji).«
»Brüll.«
»Ach du Scheiße.
»Beim *Hühnern* gibt es zahlreiche Gefahrenquellen. Ein davon brachte mich fast um.«
»Lass hören.«
»Oh, das war dramatisch, erinnere mich noch genau. Um ein Haar und ich wäre bei den Engelein geblieben. Ich *impfe* manchmal so schnell, dass ich fast Angst habe er könnte bei einem verunglückten Stoß abbrechen, dass wäre dann das sichere Ende.«
»Oh. Ob ich das glauben kann oder spricht hier wieder der Münchhausen aus dir (Daumen nach unten Emoji). Du rammelst so schnell wie die Zylinder in einem Porsche.«
»Jaaaa (Schwör Emoji). Schreckliche Alpträume habe ich deswegen ab und zu. Es fühlt sich an wie Posen. Als wäre ich ein

aufgemotztes Auto und ich fahre mit Tempo 200 durch die Stadt als Poser – Lebensgefährlich «

»Eine Lösung muss her.«

»Bitte, bin immer dankbar. Das mit dem Porsche passt nicht ganz. Es ist eher wie bei einem Lanz Bulldog. Einer mit mächtigem Schwungrad und viel Leistung. Tok, Tok, Tok. Wenn was daneben geht hat die Dame ein weiteres Loch (Smile Emoji).«

»Hans sendet einen traurig Emoji.«

»Unbedingt brauche ich eine Lösung. Werde versuchen in Zukunft sehr vorsichtig zu sein. Werde ihn aus Sicherheitsgründen nur noch zur Hälfte rausziehen.«

»Das ist mega schlau. Also 15 cm?«

»Yesss....«

»Muss los man at work (laufender Mann Emoji)«

»Ruhige Schicht! (Regenbogen Emoji)«

Medien Wirrwarr

Heute: 11.08.2020

«Was willst du denn in Berlin?«
»Da ist nächste Groß-Demo, Franz. Die *Andersdenkenden*. (Smile Emoji)«
»Du warst noch nie auf einer Demo, außer dienstlich. Du machst allerhöchstens heiße Luft mit deinem Fön. Jetzt willst du zu den Verrückten, den neuen *Rechten* Mittelschicht Bürgern.«
»...sagt der verhinderte Weltumsegler (Daumen n.u. Emoji).«
»Oke, gehen wir mal davon aus du gehst da hin, du traust dich. Hast doch immer Schiss negativ aufzufallen. Und plötzlich kritisierst du deinen Arbeitgeber. Den *Verräter Lohn* die letzten Jahre hast du aber immer gerne genommen. Babbeln tun viele, aber in die Handlung kommen, das ist der Königsweg. Aber sie werden die nächste Demo nicht zulassen. Ich gehe übrigens tatsächlich hin (Schwör Emoji). Glaube aber Sie werden uns totprügeln.«
«Dein übliches Pseudo Philosophie blabla (Daumen nach unten Emoji). Sie werden sie

nicht verhindern können. Es gibt ein Grundrecht darauf.«
«Das ist denen egal. Sie werden es verhindern wollen. Mit Gesetzen, Verboten oder Diffamierungen. Schau mal Ranking Pressefreiheit Germany. Nur noch Mittelfeld. Meinungsfreiheit 3-. Tendenz fallend.«
»Es ist *Krieg*, Junge! (Faust Emoji)«
»Das kann ich nicht akzeptieren (Daumen n.u. Emoji), auf der ganzen Welt beteiligen wir uns an Bombardierungen und Militär Aktionen. Alleine im Irak gibt es 500.000 zivile Opfer und über 1 Mio. Tote oder so. Hier sind mit Stand gerade, 9.265 Bürger an der Großen-Seuche gestorben und es fühlte sich zeitweise an wie Kriegszustand. Nächtliche Ausgangssperre, Hamsterkäufe, Versammlungsverbot, Reisebeschränkungen, keine Sakramente usw.«
»Ja, das stimmt. Wie damals der 30-jährige Krieg oder während der Pest. Es ist komisch, dass die Leute hier plötzlich in so eine Panik verfallen. Wo die Gefahr vom Virus dahingerafft zu werden sehr gering ist aber die Millionen Tote auf der Welt durch schlechten Konsum und unvernünftige Kriege interessieren niemanden. Die Cowboys lassen

sich das nicht so leichtgefallen (Daumen n.u. Emoji).«
»Die Friedensbewegung ist tot (Heul Emoji). Keiner setzt sich dafür ein. Alle wollen nur shoppen. Wenn Ich auf FB einen Spendenaufruf poste, erhalte Ich ein bis drei likes. Poste ich ein Video über meine neuesten Sneaker oder so ein *Ulkding*, dann habe ich viele Dutzend Klicks.«
»Es ist alles organisiert. Die Propaganda rollt, wir bezahlen sie sogar, aber das war doch schon immer so.«
»Ja, aber es ist nicht im Sinne der Menschheitsfamilie (Regenbogen Emoji).«
»Ja klar, ist etwas zu hoch für dich (wütend Emoji). Verstehe das. Die Geschichte des Menschen ist Krieg aus Habgier oder Besserwisserei.«
»Das Letzte stimmt. Es wird sich nichts ändern. Schau doch Griechenland. Tsipras ist auch eingeknickt.«
»Die ersten stehen auf. Ich hoffe auf ein Lauffeuer (Stern Emoji).«
»Das kann man nur schlecht kontrollieren. Es kann außer Kontrolle geraten. Das ist mir zu unheimlich. Setze auf die Vernunft der Leute

und Vorbild als Kettenreaktion, wie Bandura[11] schon predigte.«
»Ich bin heute auch aufgestanden. Um 06:15 Uhr. (Lach Emoji)«
»Das war dann schon dein Widerstand. Du hoffst ständig. Du bist ein Glücksritter, der hofft mal Glück zu haben. Dass es zu ihm kommt ohne Leistung. Wie ein Lottogewinn halt.«
»Naja, du irrst dich! Ich müsste den Zettel ausfüllen und abgeben, das ist ganz schön Arbeit für paar Millionen.«
»Brüll. Du verdammter Schwätzer und Fatalist. Es wird nichts ändern. Die Konsumgesellschaft und ihre Handlanger treiben uns vor sich her. Die Elite siegt immer. Pack deinen Fön aus (Daumen n.u. Emoji).«
»Noch kein System konnte sich ewig halten. Sie sind immer schon irgendwie gefallen (Sonnenbrillen Gesicht Emoji) Die Zeit ist mit uns.«
»Das stimmt so halb. Systeme verabschieden sich, Aber niemand nimmt *Pezos* sein Geld ab. Er hat eigene Raketen. Er könnte sofort

---

[11] Albert Bandura (1925-2021), Psychologe, prägte den Begriff lernen am Modell.

dein Gehirn kaufen oder klauen. Keiner würde es merken, denn du machst ja nix. Was eigentlich gar nicht so schlecht ist. Wir sollten alle einfach nichts mehr tun. Nur noch chillen.«

»(Daumen n.o. Emoji) Dann wäre der große Frieden da. Juhuu. Aber deine Geschichtskenntnisse sind mangelhaft. Es gab schon tausendjährige Reiche.«

«Das ist gemein. Ich schaue so viele Dokus, wie *Terra Y*, Aktenzeichen 1,2,3 oder so und trotzdem nur eine 5. Aber mein lieber Hansi, pass fein acht: Dein Gehirn ist schon Geschichte. Es kommt nichts Neues dazu bei dir. Du hast aufgehört zu lernen. Deine tausend Jahre, Römisches Reich, sind um.«

»*Holz* wird neuer Kanzler, obwohl er noch nicht mal eine Aktie besitzt. Er meinte mal in einem Interview, dass sein Geld auf dem Sparbuch gammelt.«

»Das wird doch kein Kanzler. Kanzlerkandidat vielleicht. Er hat nämlich keine Ahnung von den Spritpreisen. Meinte bei seinem Gehalt und einem Chauffeur wüste er das nicht.«

»Du hast keine Ahnung. Abgehoben wie Marie Antoinette[12] – Esst Kuchen. Aber Holz ist der beliebteste Politiker aktuell. Nur ein cooler Typ wie Hans, könnte ihn aufhalten.

Anmerkung von Franz
(Gemeint ist eine Figur aus den anderen Büchern von R.P.M.).

»SPD ist tot (Daumen n.u. Emoji).«
»Ich lache mich krankenhausreif. Das ist keine Partei. Sie wird von der GEZ gestützt. Ist wie die Kirche. Sie wird nie untergehen und wenn hat dem Schäfer sein Boss das eingeplant. Die Superreichen sind unantastbar und sie lieben Konflikte. Das ist der besondere Kick in ihrem Leben. Superreiche fliegen in den Orbit. Die Erde ist ihnen zu klein. Krieg und *Korona* kommen gerade recht. Alles was knallt lieben Sie.«

Anmerkung von Hans
Ein Schäfer hütet Schafe und Lämmer. Aber die Lämmer schweigen meistens, warum eigentlich?

---

[12] Marie-Antoinette (1755-1793), Königin von Frankreich.

»Auch Feuerwerk, dann hätten wir was gemeinsam. Lol.«
»Ja, aber am liebsten von Drohnen veranstaltet. Mach ihnen Angst und so werden sie ohnmächtig. So kann man die Menschen am leichtesten beeinflussen. Die Friedensbewegung hassen sie. Lies mal *Illegale Kriege*, ne du liest ja nix, außer Textnachrichten. Schau mal den *Rotkäppchen* oder Prof. *Maushügel* auf YouTube.«
»Oke, aber es gibt weitere Eliten. Ich zum Beispiel, bin eine eigene Elite (Lach Emoji).«
»Du bist ein Witz. Genau wie ich. Niemand hat Dich lieb, niemand interessiert sich für dich und niemand findet irgendwas was du tust ansatzweise gut. Du bist ein Nichts und Nobody. Wenn du gegangen bist, wird dein Datensatz verschwunden sein. Nur in meinen Büchern lebst du weiter. Sei stark und Realist.«
»Du redest von mir, meinst aber dich (Kotz Emoji).«
»Nein und Ja. Lol.«
»Deswegen bist du auch an die Ostsee. Du willst dort den reichen Wessi raushängen Und hoffst du bekommst dafür Liebe (Stinkefinger Emoji).«

»Ein Polizist wurde versetzt, weil er bei einer Demo öffentlich redete.«
»Sorry, das war schon immer so. Ist zwar gemein, aber ich kenne die Rede nicht. Sogar Staatsanwälte und Richter werden versetzt, wenn sie die falschen Ermittlungen vorantreiben oder einem der Oberen ans Bein pinkeln wollen. Die Wahrheit ist hart. Du liebst nicht. Das ist Dein Hauptproblem. Das teilst du mit der Mehrheit. Wenn Sie ihren Nächsten, wie sich selbst Lieben würden, wäre ein für alle Mal Frieden in der Welt. Ja und du hast recht. Hier fliegen alle auf mich (Kuss Emoji).«
»Aus dir spricht der Größenwahn. Allerhöchstens die Stechmücken finden dich hot (Blutspritze Emoji). Aber warum die Leute entlassen und versetzen ist, weil sie Angst haben, dass noch mehr reden. Dass es um sich greift und ihre Zügel, mit denen sie die Leute gefügig machen nicht mehr halten. Aber es gibt Reiche und Mächtige Personen, die anders denken.«
»Die wahre Macht haben immer die, die die dicksten Waffen haben (Daumen n.o. Emoji). Und du bist nicht kompetent in Sachen Liebe. Sonst würdest du nicht sagen, das mit Tinkerbell oder Sternchen wie du sie immer

nennst, wäre true love. Das ist es nicht mal ansatzweise.«
»Okay, bei der Liebe könntest du recht haben. Ich weiß, dass ich nichts weiß und außerdem der *einfachen* Gattung Mann angehöre und die haben es nicht drauf. Aber bei der anderen Sache mit den Waffen, muss ich widersprechen. Die Macht haben, die, die das Geld haben. Heute kämpfen die schon ohne Waffen. So Cyberwar oder Bio-Terrorismus.«
»Gute Nacht, ist mir zu blöd jetzt das alles. Geht in die gleiche Richtung wie dein CS Kram (Daumen n.u. Emoji).«
»Gute n8.«

Anmerkung von Franz
Aufgrund bestimmter Umstände, Otto Normalbürger würde sagen Meinungsverschiedenheiten, zwischen den beiden Hauptprotagonisten des Buches, gab es eine Zeit ohne Aufzeichnungen, weil es in dieser Phase keinen echten Kontakt gab. Das änderte sich aber wieder. Die Zeit heilt alle Wunden und wahre Freundschaft ist dick wie Blut (Schwör Emoji).

Bébé hatte ’n steifes Bein

Heute: 11. April, 2021

»Bébé hatte während eines Einsatzes ein steifes Bein und fiel einfach um. Geht ihr aber wieder ganz gut sagt sie (Daumen n.o. Emoji).«
»Oje die Arme. Der Stress oder was, beim Strafzettel schreiben?«
»Ich weiß es nicht der Doc sagte zu viel Sport. Sie ernährt sich aber schon immer gesund ist wohl erblich.«
»Sie fiel plötzlich um, mitten im Laufen und die bekamen sie nicht mehr wach. Sanis sagten sie hatte kaum noch Atmung. Der Doc in der Odenwaldklinik hat’s dann aber wieder gerichtet (Stern Emoji).«
»Ich werde für sie beten, obwohl sie eine *Zettelhexe* ist.«
»(Daumen nach oben Emoji)«
»Brauche Foto von ihr für mein Gebet Hans?«
»Suche eins.«

Anmerkung von Franz
Hans schickt ein Video von einer blonden attraktiven jungen Nachrichtensprecherin. Die faselt etwas von alternativloser Gesellschaft und endgültigen Lösungen und der einzigen Wahrheit.

»Ist das Bébé?«
»Nö. Jetzt kommt das Bild. Sie ist eigentlich nicht zu erkennen.«
»Stimmt. Deine Fotos sind einfach nur unterirdisch. Wenn du einen Unfall knippst, dann ist nur die Straßenlaterne zu erkennen.
»Sorry. Ich hab damit nix. Habe nur dieses.«
»Sieht trotzdem gut aus. Kenne die aber nicht. Sie trägt aber keine Maske im Dienst (Daumen n.u. Emoji). Finde ich nicht gut. Je größer die Maske desto größer der Schutz. Masken helfen vielen. Sie sind wie ein Krückstock.«
»Ja genau.«
»Und sie hat riesen Brüste?«
»Ja Doppel-GG mind.«
»Hammergeil (Daumen n.o. Emoji). Man könnte die auch als Ganzkörperschutz tragen.«
»Egal, ich hab da jedenfalls kein Interesse.«
»Sie ist top im Bett. Sehe das (Stern Emoji).«

»Wer sagt das?«
»Ich, ich bin großer Experte auf diesem Gebiet (Daumen n.o. Emoji).«
»Die ist doch null dein Fall.«
»Ich finde sie top, schöne lockige Haare, braune Haut und schlank.«
»Hätte sie an deiner Stelle schon längst *abgefackelt.*«
»Na dann ran an die Buletten.«
»Nee ich will nicht.«
»Du ziehst dein Schwänzchen ein.«
»Nein, aber ich schreibe so viel gerade. Sie kennt mich nicht, ich will immer. Eigentlich, aber seit Korona am liebsten nur noch CS.«

Anmerkung von Hans
CS bedeutet Cybersex. Franz macht nur virtuelles Zeug.

»Das bringt den *Weibchen* nix. Ein Angeber bist du. Machst sie heiß und dann gibt's nur Bildschirm. Momentan hat sie aber eh keine Zeit.«
»Und ich habe grade zu viele einsame Frauen, die ich glücklich machen soll.«
»Wer wie verstehe nur Bahnhof (Erstauntes Gesicht Emoji).«

»Ich bumse All Time. Wenn ich Bébé *figge* kommen die anderen zu kurz. Zeitfenster verstehst du?«

»Ja genau. Lol. Glaube dir kein Wort. Du bist so irre wie Gelhart. Der denkt auch jede die er sieht, steht auf ihn.«

»Habe aktuell drei Hasis, Korona sei Dank (Smile Emoji).«

»Jaja. Sie kann grade eh nicht wegen ihrem Bein. Dauert noch etwas, bis sie vom Doc wieder grünes Licht bekommt.«

»Für freien Verkehr, wie? Wenn sie gut ist, schneide ich 'ne andere raus.«

»Die du alle nicht knallst? Anja wird auch langsam Bumsmüde.«

»Ich knall die. Ola. Aktuell mache ich gerade viel Cybersex. Ist top! Feine Sache. *Mann* macht sich nicht dreckig und ich knalle da auch Dicke. Ist doch das gleiche beim Rein oder Raus oder Mütze Glatze, selbes Ding.«

»Oke, denke das ist wie, wenn Schumi in seinem Rennwagen rückwärtsfährt. (Smile Emoji)«

»Er könnte trotzdem gewinnen und es hat auch sein Gutes.«

»Ja. Man muss nicht beim Mainstream mitfahren. Das ist clever und keine Blumen mitbringen oder die Rechnung zahlen.«

»Jaja und das Aussehen ist egal ob schlank oder klein oder ungepflegt oder abgekaute Nägel oder Korona. Es geht dann um dirty talk. (Ohr Emoji)«
»Lol. Ja die Auswahl wäre dann riesig.«
«Es ist zu viel zu tun. So viele einsame Herzen. Ich bin bei *Finder*. Es ist skandalös.«
»Ja, weiß es von Anja.«
»Ich komme nicht mehr rum. Die *Feuchtwanzen* sind auch zu wild.«
»Ich will das oft nicht, aber sie sind zu drängend.«
»Ja kenne das (Schwör Emoji). Ein Kumpel möchte als, dass ich den Beifang übernehme.«
»Die machen das bei ihm auch und drängeln wie verrückt, wie an der Kasse bei Schlussverkauf früher.«
»Der Beifang ist gammelig, pass bloß auf, da sind auch Krebse drin und auch mal ein Blindgänger vom Krieg.«
»Ja (Lach Emoji). Kann Lebensgefährlich sein.«
»Da braucht man einen Panzer und die Schutzausrüstung der Polizei, sonst machen sie dich leer.«
»Oder man versteckt sich.«

»Ja eins zwei drei Eckstein. Das ist aber feige (Daumen n.u. Emoji).«
»Die Vertreter des schönen *Geschlechts* sind nicht der Feind deswegen ist es nicht feige. Sie sind nur lästig.«
»Du *hasst* sie doch eh. Du Frauenhasser. Lol.«
»Nein, das sagst du immer wieder. Das stimmt nicht. Ich weiß nur wie sie ticken. Das ist alles und ich mag die *Blaue Grotte.*«
»Okay. Gn. Ich hatte grade online Sex, muss jetzt pennen bin müde. Ausgepowert.«
»Gibt es dafür auch eine Börse?«
»Nein. Sie wollen das aber heute lieber so wegen *Korona.* Könnten mich in Kryptos bezahlen. (Regenbogen Emoji)«
»Ja könntest viel Geld damit verdienen, aber du machst es ja aus Güte. Lol. Geht auch schneller. Bissel Gestöhne am Bildschirm und Gewische. Ende. GN«

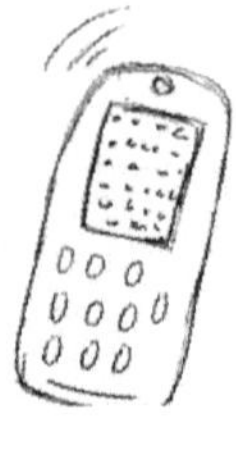

Keiner will sie bumsen

Heute: 12.04.2021

»Hi. Muss dir was Unglaubliches berichten. Da denke ich die falsche Ernährung ist schlimmer als Rauchen (verrückt Emoji).«
»Nicht mal Gewürze kann man bedenkenlos kaufen.«
»Ja, ja das stimmt wohl. Im Paprika Edelsüß fanden sie mal geriebene alte rote Regenschirmgriffe. Obacht geben ist angesagt. Die wollen dich aktiv vergiften mit ihrem schlechten hochverarbeiteten Super-Food-Mist. Wegen der Dame hätte ich eine Lösung.«

Anmerkung von Franz
Es gibt da wohl eine Lady, die keinen großen Erfolg bei den Männern hat, weil Sie nicht dem gängigen Ideal gleicht.

»Also, dem Beifang, da wo keiner ran will. Keiner will bei ihr den Angelschein machen. Nix mal kurz den tollkühnen Hecht raushängen, Würmchen an den Haken und ab ins Wasser damit.«

»Genau. Lol.«
»Ja, wer? Bin schon ganz gespannt.«
»Langsam. Bin zwar ein *Schnellhoppler*, aber kein Schnelltipper. Nur meine Zunge ist flink wie ein Wiesel und so blutdurstig. Ich kenne also einen der würde es machen. Für lau, denn er orgelt wirklich tatsächlich alle und alles. Sein Name ist Alfredo, alias die geile Nudel. Kennst du ihn?«
»Ja, der Typ ist aber ein *Schlechtnudler*, sagen alle die schon mal bei ihm am Haken waren, allerhöchstens B Ware was er produziert (entsetzt Emoji), die schon mal von seiner Makkaroni verwöhnt wurden.«
»Eher Spaghettini hörte ich und kein Bronzedruck, aber darum geht es ja nicht. Er kann es machen sagt er (Daumen n.o. Emoji).«
»Ja gut, aber an die Frau kommt man schlecht ran. Die arbeitet auf dem Amt.«
»Das hatte ich berücksichtigt, denn Alfredo kennt sich da aus. Er kommt an sie ran, denn er hat so einen direkten Scharm und seinen Dienstausweis.«
»Er tut einfach so als ginge es ... um was Dienstliches (Grins Emoji).«

»Ja und dann so zum richtigen Moment, geht er mit ihr ein Käffchen schlürfen und dann wird es klappen.«
»Genau, hast du erstmal einen Fuß drin, kommst du auch zu den Laichplätzen. Du musst dich nur genug anstrengen.«
»Jawohl wie ein Lachs (Daumen n.o. Emoji). Aber Obacht vor den gefräßigen Braunbären. Neulich war bei mir auch eine Nachbarin, die liegt mir schon lange in den Ohren, aber sie ist gut zehn Jahre älter als ich und total unterbügelt.«
»Was hast du getan?«
»Ich konnte sie nur lecken und Brüste kneten mehr ist nicht drin. Wienere dann meinen Sperr immer bis fast zum Gipfel. Den Rest erledigt sie, Arbeitsteilung und Pragmatismus. Sie war trotzdem zufrieden.«
»Schon außergewöhnlich. Dein erster echter Sex seit?«
»3 Jahren und es war wie du immer sagst. Der ganze Aufwand und der Schweiß. Ist es das echt wert?
»Siehste. Kommste drauf so langsam (Betende Hände Emoji).«
»Ja etwas und jetzt kommt das Nächste. Rate mal?«
»Hm. Jetzt will sie was?«

»Sie bräuchte mal die *Fleischpeitsche* direkt innen drin. Eine Massage. Das ist mir zu viel. Ich bin doch eher der CS Typ (Mundwinkel n.u. Emoji).«
»Da hätte ich *au* Angst, bei so alten Löchern. Lass dich nicht einlullen.«
»Und mir gefällt es so. Ist nicht so anstrengend und eine saubere Sache.«
«Ja das verstehe ich (Daumen n.o. Emoji).«
»Ich gab ihr dann noch Essen dafür. Pesto und Brot. Selbstgemacht.«
»Klingt lecker und fair. Eine Win-Win Situation.«
»Ja es mundete ihr sehr. Sie hatte sich gar nicht sauber gemacht. Glaube sie liebt mich und meine Zunge.«
»Und *Männer Salsa*! (Smile Emoji)«
»Die meisten stehen drauf, sind ganz neugierig, wenn sie hören, dass *vegane Crema de la Crema*, viel besser schmeckt. Erkläre dann immer, dass es wie Austern essen, ein Luxus ist. Kostet viel Geld und Zeit die vegane Bio-Ernährung. Die Olga mag es nicht in ihrem Mund. Das finde ich doof und total antiquiert.«
»Es gibt doch Emanzipation.«
»Das passt nicht (Entrüstet Emoji).«

»Ja, aber sie macht alles andere und zwar top. Also mega antörnend und was sie alles verlangt und befiehlt krass.«
»Ich brauche genauere Infos?«
»Aus heiterem Himmel befiehlt sie mir, als ihrem willfährigen Sklaven, mich auszuziehen und dann sagt sie was zu tun ist und sie will Fotos davon als Beweis. Manchmal ruft sie mich an und befiehlt, dass ich ihr Schweinskram flüstere. Am Ende will sie dann immer das Beweisfoto vom *Blubber*, sie ist aber mega zickig und hat total irre Ansprüche (Angst Emoji).«
»Geil sehr gut, verstehe, das törnt.«

Anmerkung von Franz
Der Chat verstummte plötzlich für längere Zeit.

»Warst du eingeschlafen?«
»Ja.»
»Wohl gewichst und dann eingeschlummert.«
»Ja.«
»Hans du erfüllst alle Klischees (Regenbogen Emoji).«
»Ja und. Ich bin frei (Adler Emoji).«

»Stimmt und auch nicht. Du brauchst sie, die *Honigtöpfe*. Sie ziehen dich trotz der Gefahren magisch an. Das ist Metphysik.«
»Stimmt. Trotz der Schmerzen werden wir angezogen vom Honig und können nichts dagegen tun. Wie bei einem schwarzen Loch.«
»Lol. Wir müssen halt reingleiten. Sich dagegen zu sträuben, bringt nichts. Das wäre die eigene Natur bekämpfen. Als würde sich der Skorpion den Stachel abfahren lassen (Daumen n.o. Emoji).«
»Wir haben sozusagen vom Universum einen Freibrief erhalten. Wir sind Freibeuter des *Eufz* (Betende Hände Emoji).«
»Brüll. Wie du gepennt hast, hatte mich grade wieder die Olga angeschrieben. Sie fragt dann immer ganz lieb. Ist so ein Signalsatz geworden. Was machst du grade?«
»Und was habt ihr gemacht?«
»Mal nix. Ich war noch laufen und Maria ist gerade gekommen und kocht für mich. Ich hatte grade noch online Fitness gemacht. Muskeln, da stehen die total drauf und wenn sie dir dabei zusehen dürfen.«
»Ist sie *nackisch*?«
»Nein, kam ja grade erst. Jetzt macht sie Salat und ich noch etwas Sport. Muss die

Muskeln stählen, dumm dass man den Penismuskel nicht so direkt trainieren kann, also mit Gewichten und so (traurig Emoji).«
»Total dumm von der Natur. Was für Salat?«
»Bio Pflücksalat, mit Paprika und Zwiebeln, Vinaigrette.«
»Oke, esse nicht gerne Salat. Kannst mir mal ein paar Chats und Videos von der Olga weiterleiten?«
»Die löscht immer alles am Ende unserer Therapiesitzung. Läuft über Telegramm (Masken Emoji).«
»Mist. Glaube die ist schlau. Die will, dass du immer wieder durchklingelst.«
»Kann sein. Die Köchin ruft. Ciao.«
»Guten.«

Zink

Heute: 04.06.2021

»Sexsüchtige haben meist nen guten Draht zueinander. Aber Anja ist nicht wirklich sexsüchtig (Schwör Emoji).«
»Aber ich schon. Gleich morgens noch bevor ich die Augen öffne, muss ich die erste *Kanone stopfen und dann abschießen.* Ich bin wie Napoleon.«
»Du? Ja stimmt (Daumen n.o. Emoji).«
»Danke. Und mittags die zweite Salve. Das ist Minimum. Deshalb nehme ich immer ordentlich Zink. Da geht die Post ab in der *Vanillesoßenproduktionsanlage.*«
»Oha (Erstaunt Emoji). Vielleicht ist das bei dir aber auch wie beim Hornberger Schießen«
»(Smile Emoji) Mit Zink brummts, da kommt der Euter, wie bei einer Hochleistungskuh unter Spannung und die muss weg, sonst tuts weh. Manche haben Zinkmangel bzw. das Gehirn gibt nix mehr her.«
»Wieso kommt die *weiße Grillsauce* aus dem Gehirn?«
»Nicht direkt, nein. Es ist so, das Gehirn macht, dass das Mineral Zink ausgeschüttet

wird und dieses Metall geht direkt in die Eier und kurbelt die Zubereitung an und wenn man zum Beispiel zum Arzt geht, wegen *Vanille-Soßen* Mangel, dann stellen die fest dass da einfach kein Zink mehr da ist und nimmst du Zinktabletten. So mache ich das auch nur zusätzlich. Und deshalb geht's so richtig ab. Vorher hatte ich nur so ein *Schnapsglas* pro Salve und jetzt ist ein *Kaffeebecher* voll, manche fühlen sich wie frisch geduscht. Nur wenn's trocknet ist es halt wie eine zweite Haut bei diesen Mengen, aber es strafft.«

»Verstehe, du bist der Kleister *Mään*, ich kaufe mir gleich später hochdosiertes Zink oder gleich einen Zinkbarren. Dann werde ich den Rettich schälen und es abfüllen und verkaufen.«

»Ich bin mir nicht sicher, ob das bei dir läuft. Du bist kein Veganer. Der Zaubersaft von Omnivoren stinkt nach Fisch manchmal (Daumen n.u. Emoji).«

»Die sollen sich nicht so anstellen. Alle trinken Muttermilch von der Kuh und der Ziege und so. Das ist mehr eklig.«

»Hast recht. Kaufe dir Zinktabletten und du wirst sehen dein *Euter* platzt. Du wirst schreien. Wann hast du das letzte Mal?«

»Morgen vor einer Woche (Lach Emoji).«
»Gut hast du schon Pläne?«
»Nein.«
»Kauf dir Zink, Zink und Magnesium, dann steht er noch dazu wie ein Stück abgeschlagenes Eichenholz (Daumen n.o. Emoji).«
»Yearrr. Warte noch etwas, bis ich endlich berühmt bin als Hans und dann gebe ich noch Interviews zu dieser Sache.«
»Dann kommen die Ladys in Scharen und wollen deine *Sahne* kosten, dann brauchst du Vorrat.«
»Ja.«
»Hast du Tiefkühlschrank?«
»Ja hab (Smile Emoji).«
»Gut dann kannst du die Vanille Soße in Eiswürfelbehälter tun. Im Sommer kühlt das toll und die Fans haben was zu lecken. Fühlt sich dann für die an wie *kalter Bauer*, also Sex mit Zombie.«
»Geil. Wurde vorhin auf dem Friedhof angebaggert. Vermutlich wurde ich für Witwer gehalten.«
»Oder sie spürte deinen Zombie Spirit und ist süchtig nach echter Bourbon Vanille?«

»(Daumen n.o. Emoji) Von einer Dame mit französischem Akzent. Vielleicht war es aber getürkt, um erotischer zu wirken.«
»Was wollte die genau?«
»Sex denke ich. Zum Glück lebe ich noch.«
»Was hat sie gesagt? Es wäre besser du hättest immer ein paar von deinen Eiswürfeln in einer Kühltasche dabei. Für Notfälle.«
»Das ist ein guter Tipp. Meld mich später.«

Anmerkung
Drei Stunden später meldet sich Hans zurück.

»Was war?«
»Nix habe nur gepennt. Mittagsschlaf. Der Schönheit wegen.«
»(Daumen n.o. Emoji) Was war jetzt mit Frau Zombie? Ging sie dir an die Wäsche? Warf sie lüsterne Blicke in deinen Schritt?«
»Sie fragte wessen Grab ich pflege. Eltern? Sie wollte wissen, ob ich Witwer bin und wo der nächste Ausgang wäre und dass sie noch zum Bäcker wolle und ich solle nicht so lange in der Sonne bleiben.«
»Sie dachte das bekommt einem Zombie nicht. Scheint aber sehr nette *Grabräuberin*

zu sein. Sie spürte, dass du eine gute Party bist.«
»Hatte kurze Hosen an und denke meine Beine machten sie wahnsinnig.«
»Glaube ich auch, sie schloss dann auf deinen *Ding-Dong*. Sie erkannte kurze kräftige Beine, mit zartem bis mittelhartem Flaum. Wie so Flechten und Moos. «
»Ja.«
»Tatsächlich nahm sie aber folgendes war: Glatt und rasiert. In ihrem Kopf machte sie daraus einen kleinen extra dicken Pimmel. Wie so ein Hexenröhrling. Das Bewusstsein spielt einem schon üble Streiche. Wachte mal morgens neben einer auf. War noch dunkel. Ging runter in die Küche und alle Kumpels lachten. Wie die dann kam, schämte ich mich (Heul Emoji).«
»Verstehe, sowas passiert schon mal im Eifer des Gefechtes. Aber die Friedhofs Lady schaute echt in meinen Schritt. Es war mir fast peinlich. Ich dachte Baby, ich habe schöne Augen.«
»So eine Ferkelei. Schätzungsweise stand sie auf *Pimpern* über Gräbern (nachdenkendes Gesicht Emoji).«
»Mit Kuchen.«
»Hatte sie welchen dabei.«

»Sie wollte doch zum Bäcker.«
»Ahso, aber erst danach?«
»Das war eine Anspielung auf *Spritz-Sahne*. Habe es sofort geblickt.«
»Ja sie brauchte *Sahne* für den trockenen Streusel. Ohne kriegt sie das Teil nicht runter und muss husten.«
»Ja.«
»Du bist sehr weise (Daumen n.o. Emoji).«
»Warum hast du sie nicht gepackt?«
»Bin nicht so sexistisch.«
»Das hat doch mit sexistisch nix zu tun. Eher mit Trägheit und fehlender Opferbereitschaft oder Zinkmangel (betende Hände Emoji).«
»Ja gut möglich.«
»Tschau ich geh jetzt studieren.«
»Was studierst du?«
»Life.«

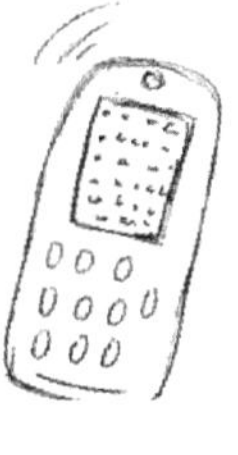

Schwurbler und Zimt

Heute: 05.06.2021

»Was schickst du mir da für Artikel? *Bärbrockts* Lebenslauf wäre in vielen Punkten gelogen oder China bereitet sich auf Krieg vor oder nach Korona wird das Leben nicht mehr zurückkehren oder Klimalockdown auch wenn sie verhungern oder die Natur Partei verhindert die Freigabe der NSU Akten oder viel mehr Nebenwirkungen bei den Impfstoffen wie bekannt oder wo war die dritte Welle, in den Kliniken war mancherorts nichts los oder manche Krankenhäuser wurden während Korona geschlossen oder die Zahl der Intensivbetten reduziert oder *Clabauterbach* erklärt plötzlich Ende der Pandemie und der Lockdowns oder Melinda hat die Schnauze voll vom Goodwill ihres Gatten oder *S-bahn* kaufte sich Villen für Millionen während der Krise und er kaufte Schrott Masken zu teuer ein. Du bist ein Wahrheits-Verschwurbler Hansi.«
»Hast du das alles getippt oder gesprochen? «
»Lol. Gesprochen natürlich. Glaubst du etwa nicht an Korona und die zehn Gebote?«
»Nein. Glaube nur an mich (betende Hände Emoji).«

»Somit zählst du zu den Verschwörungstheoretikern. Du bist Staatsdiener, du solltest linientreu sein.«
»Nein, bin nur meinem Gewissen und Gott verpflichtet.«
»Ja schon, aber es gibt bei uns sowas wie Fraktionszwang. Wir machen, dass die Delegierten in Ruhe gelassen werden und den Rest unterdrücken, ohne dass die es merken.«
»Hör mal du neu Fischkopp. Das hier schimpft sich soziale Marktwirtschaft, aber daran ist nix sozial, wenn die Schere zwischen Arm und Reich immer weiter auseinanderklafft. Eher asozial (wütend Emoji)«
»Fällt mir schwer das zu entkräften. Aber wir müssen uns den eigenen Arsch sauber halten. *Schweigelohn* halt, dafür geht es uns blendend.«
»Leck mich. (Kotz Emoji) Wie kann es sein, dass die SPD den Spitzensteuersatz gesenkt hat von 53 auf 40 Prozent oder so? Also nur die Mittelschicht blutet seit Jahren immer weiter.«
»Verstehe, aber für uns war das doch gut. So als Beamter lebt man doch wie die Made im Speck, oder?«
»Brüll. Genial, genauso ist es, wobei der Speck uns nicht gehört.«
»Aber er schmeckt (Lach Emoji).«

»Das ist die Hauptsache für die meisten hier in diesem Land. Deshalb halten sie auch schön die Klappe in der Hoffnung, dass es keiner merkt, keiner erkennt und immer so weiter geht.«
»Und keine Partei ändert das und die kleinen Leute blicken nix. Wie Kinder, haben nix klar und sind froh, wenn ihnen alles gesagt wird. Aber nicht mit mir (wütend Emoji).«
»Du bekommst Schweigegeld, wie die anderen, damit du die Fresse hälst und mitmachst.«
»Stimmt schon irgendwie, aber es huft mich total, gerade, weil sie uns jetzt auch *fisten* wollen.«
»Besser *gefaustet* und *Verräterlohn*, wie unten im Gras, bei den Glühwürmchen (Daumen nach unten Emoji).«
»Denke aber auch so. Sollte grade wieder Dienst machen. Sagte aber no wie alle anderen auch. Jetzt haben sie einen Tagelöhner geholt dafür. Ich lasse sie hängen wie die Woche davor. (Daumen n.u. Emoji)«
»Es ist dir zu viel?«
»Dieses System ist mir zuwider und den Notdienst haben sie abgeschafft, um Geld zu sparen, dafür ruft mich mein *venaler* Chef jetzt jedes Wochenende an. Die sind doch irre. Ich mache da nicht mehr mit.«

»Ihr seid halt wichtig mit eurem Part. Ohne Mampf kein Kampf. Ihr bringt das Futter und die Erleuchtung (Daumen n.o. Emoji).«
»Hab kein Bock mehr. Zu nichts mehr. Sollte heute zu *Bumsfreundin* kommen, will aber nicht. Bébé fragte auch ob ich auf Kaffee vorbeikomme. Aber hier ist so schwül. Fühl ich mich nicht so. Weißt du gestern erst das auf dem Friedhof und heute das. Die *Weibsen* umgarnen mich wie die Motten das Licht.«
»Jaja. Jetzt kommen wir wieder zu den erfreulicheren Dingen des Lebens. Ich kann nur zu allem ja sagen was du erklärst. Ich stimme zu. Voll und ganz. Wir sitzen im selben Abteil. Warum macht Anja nicht den Dienst, die ist doch dauergeil auf alles? Selbst auf work.«
»Sie hat noch Urlaub und ihr stinkt es mittlerweile auch, dass sie die Einzige ist, die immer ja sagt.«
»Eine Ja-Sängerin also. Immer alles abnicken für die Karriere (Kotz Emoji).«
»Ja. Aber ich richte sie gerade politisch aus und rüste sie geistig auf. Sie erkennt die Wahrheit Schritt für Schritt.«
»Deine Wahrheit. Lol.«
»Ja ich bin sehr weise.«
»Gut. Stimmt. Was ist die Wahrheit? Brauch sie auch.«
»Was Anja oder die Wahrheit?«

»Beides, aber zuerst mal die Wahrheit. Brauche sie viel dringender als Anja. Die hat noch die ganzen Affären, mit denen sie sich ablenken und trösten kann.«
»Sie sind Weltverschwörungsschweine.«
»Wars das schon? (gähn Emoji) Dachte es wäre etwas komplizierter. Also so wie bei James Bond. Einer ist ultraböse und der will uns platt machen.«
»Ja, äh, Nein, aber fürs erste und nun die Wahrheit über Frauen. Sie sind wie eine Droge, puschen dich kurz auf und dann geht's weiter abwärts. Sie doch wie dein Stock hinterher aussieht.«
»Ja, mich puschen sie auch immer total bis zur Salve, dann wenn's rum ist lässt die Wirkung nach. Wie ein Drogenrausch der plötzlich, schlagartig endet, eine Droge die ihre Wirkung verliert wie bei Zimt.«
»Was ist mit Zimt? (fragend Emoji)«
»Riecht total intensiv, schmeckt auch so, aber hinterlässt keinen bleibenden Eindruck.«
»Ja stimmt, guter Vergleich, Zimt hält nicht lange vor. Ich gehe jetzt in Wald.«.
»Dachte du fühlst dich nicht gut? Ich brauche mehr Infos. Das reicht mir nicht.«
»Ok. Andermal, jetzt mache ich Nordic Walking. Hat mir der Arzt verschrieben.«
»Viel Spass. Denke du wirst wieder von einer Zombie Lady angegraben. Pass bloß auf, wenn's im Gebüsch raschelt. Kann auch mal

ein Wildschwein sein, dass dich mag (betende Hände Emoji).«

»Allahop.«

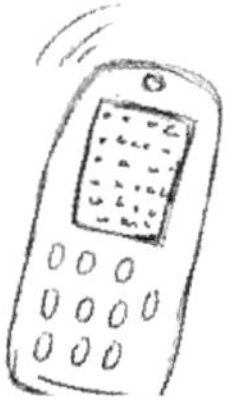

Gelhart lädt zum Schmaus

Heute: 10.06.2021

»Gelhart lädt zum Speisen ein wegen seinem Geburtstag am Sonntag und Anja will irgendeinen Stecher mitbringen. Hab kein Bock drauf und gesagt weiß noch nicht, da ich eventuelle schaffen müsse (Frust Emoji).«
»Was ist gegen den Typ einzuwenden. Das ist Rassismus (Daumen n.u. Emoji).«
»Ist nicht gegen den. Hab nur kein Bock mich mit Leuten abzugeben die ich nie wieder sehe.«
»Das sind doch Ausreden Hans. Warum denkst du wirst die alle nicht mehr sehen oder zum letzten Mal?«
»Das waren schon viel.«
»Verstehe nur Bahnhof. Sterben die demnächst, oder was? Machst du Massaker oder kennst du die Zukunft?«
»Ne, Quatsch mit Soße. Das war ein Missverständnis. Die führt den einmal vor und das war´s und braucht uns nur zur Unterhaltung. Es geht mir um den Stecher von Anja. Da wird dann wieder kokettiert und geflirtet und morgen kickt sie den armen Hanswurst weg.«
»Aber du stehst doch auf ihre Männergeschichten vom Hörensagen und

jetzt darfst du mal live dabei sein. Das ist eine Ehre und sei mal nicht so zimperlich, das Leben ist Wurst wider Wurst.«

»Jaja, du mit deiner Küchenphilosophie (Lach Emoji). Hab da einfach kein Bock drauf. Da *Zusammenzuhocke* mit diesem *Rohrverleger.*«

»Zu was hast du denn Bock? Was machst du grade? Der triebgesteuerte Naturbursche mit seiner rohen *Fleischpeitsche* kann nichts dazu. Anja ist der gemeine *Lustmolch*in.*«

»Ja das ist korrekt (Daumen n.o. Emoji). Ich weiß aber nicht. Vielleicht hocke mich hin und gucke nur blöd in die Gegend und sag nix. Aber vielleicht gehe ich auch nicht hin oder ich erzähle die ganze Zeit von meinem Reichtum. Lol«

»Du bist gespalten.«

»Ja.«

»Ich will dir einen Rat geben? So zwischen *Shizos.*«

»Ja gerne (umarmende Hände Emoji).«

»Du gehst hin, tust ganz eloquent und bist total nett zur *Rüttelmaschine.* Dann aber begehst du Freundschaftsverrat und erzählst intime pikante Details über Anja und ihre ständigen Sexabenteuer.«

»Lol. Ich werde drüber nachdenken. Will sie eher nicht reinreiten, aber auch nix damit zu tun haben.«

»Das ist die Position von einem der sich immer raushält und keine persönliche Meinung hat oder mal Flagge zeigt. Beziehungen leben gerade davon, dass man, also hier du, authentisch sein darf. Authentische Menschen kommen am besten an.«

»Blabla. Du und deine Psycho Kacke (Genervt Emoji). Alles nur angelesen. (Fick dich Emoji) Ja, aber das geht mich ja auch nix an.«

»Du bist wie der brave Soldat Schwejk. Natürlich geht's dich was an. Anja bringt ihren aktuellen *Hackklotz* mit. Du wärst gerne authentisch, hast dazu eine konträre Meinung, traust dich aber nicht (traurig Emoji). Anja hat dich in der Hand. Sie ist deine Mama. Für das bisschen Aufmerksamkeit und soziale Gesellschaft bist du bereit einen hohen Preis zu zahlen. Sie bestimmte ja auch den kompletten Rad Urlaub, da wo ihr um den See fahren wolltet, wo du dich so aufgeregt hast, nie mehr mit ihr in Urlaub willst, weil ihr den Vogelstang See nicht umrunden konntet, wegen ihrer ständigen Sex Abenteuer, aber nichts gesagt hast. Du schluckst immer nur, wie so 'ne Plaste Sex-Puppe.«

»Ich will halt einfach mit dem und irgendwelchen anderen Typen mit dicken Eutern, die ständig auf der Suche nach einer freien Melkmaschine sind nichts zu tun haben. Meine Freizeit verbringe ich anders, wenn ich das nicht mache, dann mache ich praktisch das was ich will. Ich will max. Freiheit (Daume n.o. Emoji). Blöd ist halt nur dass Gelhart zu Tisch bittet.«

»Ausreden schon wieder, du übernimmst keine Verantwortung für dein Leben. Das ist doch keine Freiheit, wenn man sich nicht anpassen kann. Zumal es der Geburtstag eines Freundes ist. Sag Anja und allen anderen was du willst oder mache was deine Mitte dir zeigt. Steh auf Mann. Mach Eigenverantwortung (Regenbogen Emoji).«

»Quatsch – Amateur psychologischer Quatsch (Daumen n.u. Emoji).«

»Bist du arbeiten?«

»Ja bin arbeiten.«

»Getroffene Hunde Bellen. Wau-Wau-du-alte-Sau.«

»(Mundwinkel nach unten Emoji) Das heißt ich müsste sagen ja du hast recht, damit du zufrieden wärst mit der Antwort.«

»Es wäre ein Anfang. Ich brauche das ja nicht. Mir bringt es nichts. Ich lasse dich nur teilhaben an der großen Weisheit meiner Person. An dem Gefühl, dass deine Seele aufsteigt, zumindest eine Ebene höher und dein Leben freier wird und geiler. Ich habe ja nichts davon. Aber da ich meine Mitmenschen genauso mag wie mich, versuche ich immer zu helfen. Es ist bei dir an

der Zeit neue Wege zu gehen (Dharma Rad Emoji).
Sonst kriegst du immer nur das Gleiche. Der erste Schritt auf dem Weg zum Bodhisattwa ist Eigenverantwortung. Übernehme die volle Verantwortung für dein Dasein. Sei nicht weiter Opfer (Smile Emoji).«

Anmerkung
Hans schweigt länger.

»Jetzt bist du wieder gekränkt von meiner geilen Psychostunde und strafst mich mit Nichtbeachtung und Ausgrenzung. Viele Patienten hauen ab, wenn der Therapeut zu direkt wird (Regenbogen und betende Hände Emoji) Aber ich sage immer was ich denke wie *Wiener* vom *IKR* und nur ich kenne, die Wahrheit wie bei *Trossten* TV.«
»(Kotz Emoji) Nein alles Quatsch, ich bin nur am Arbeiten. Der *Schweigelohn* will verdient sein. Du gibst nur wieder was du gelesen hast.«
»Das ist genau was ich meine. Du bockst, das ist dein inneres Kind. Meinen Kram habe ich selbst entwickelt, in meinem Kopf durch einfaches Nachdenken. Schwöre es. Großes Indianerehrenwort.«
»Ich werde auch nachdenken und dir Ergebnis mitteilen.«
»Oke bin aber nicht sonderlich gespannt.«

»Weil du keine andere Meinung verträgst, besonders wenn deine Thesen zerpflückt werden, von meinem Superbrain und meinem jahrelangen Studium der Gesellschaft (Daumen n.u. Emoji).«
»Ja stimmt. Frohes schaffen!«

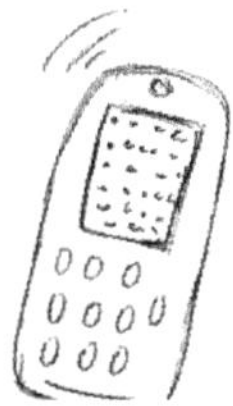

Fussball ist langweilig

Heute: 15.06.2021

»Bin kurz an Hafen. Musste mal raus. *Worke* zu viel, wie du Hans. Heute Fussball – Germanien gegen den Rest von Europa. Neuauflage Erster Weltkrieg oder so ähnlich. Nur mit Ball anstatt Giftgas und Bomben (betende Hände Emoji).«
»Yeah, wobei wir immer noch so ungehobelt sind wie damals im Teutoburger Wald.«
»Wir fliegen Vorrunde raus (Daumen n.o. Emoji).«
»Ja, wünsche es mir, dann keine scheiß Fußball Einsätze und das ganze asoziale *Gefeiere*.«
»In Deutschland gibt es aber auch andere Fans (Smile Emoji).«
»Stimmt, vergaß ich grade. Türken und Franzosen fliegen auch früh raus.«
»Ist ungefähr, wie wenn der Krieg mit Polen nie begonnen hätte. Wär viel besser gewesen (betende Hände Emoji). Viel Leid hätte die Welt sich sparen können und wenn die Nationalmannschaft früh ausscheidet, erspart sie wieder viel Leid und Nerven.«
»Achso, ok. Forza Italia! Du bist ja halber Italiener Franz.«

»Ja, das sind auch die besten Liebhaber (Stern u. Daumen n.o. Emoji).«
»Angeber. (Kotz Emoji)«
»Der blanke Neid um mein tolles italienisches Macho Flair. Und ich erspare mir das Theater diese emotionslosen, narzisstischen Spieler freiwillig anzuglotzen. Scheisse nur, dass ich das Narzissten Spektakel mitbezahlen muss (Schäm Emoji).«
»Ohne Vaterlandsliebe, du bist!«
»Scheiss drauf. Deutschland gehört abgeschafft. Der deutsche Geist ist kein Guter. Er unterdrückt mit Gewalt alle anderen. Schau doch was wir mit Griechenland gemacht haben. Menschenunwürdig war das. Was finden die Leute nur daran ins Stadion zu gehen – während der großen *Hustseuche*?«
»Die brauchen die Show, wie damals die Römer. Brot und Spiele.«
»Lol. Fußball beruhigt die Massen, zieht ihnen das letzte Geld aus der Tasche. Es macht sie arm und krank.«
»Ja und dumm.«
»Wieso?«
»Was hä?«
»Dumm, du Fischverkäufer. Wieso soll König F dumm machen?«
»Brüll. F wie ..... weil es als haue gibt mit dem Stock.«

»Lol. Geil so kriegen sie die Hirne auf Staatsniveau. Ist auch zu laut für die Ohren und es gibt Randale und miesen Fraß. Die Balljungen sind noch das beste dort. Die haben wenigstens noch Ehrenamt.«
»Sind auch Arschlöcher (Daumen n.u. Emoji).«
»Ja schon, aber sie bringen wenigstens den Ball, Ehrenjungs halt, zeigen gute Performance und sind motiviert. Das Runde muss ins Eckige, wer denkt sich so einen Scheiß aus?«
»Ja Mülleimer.«
»Und alle glauben daran, dabei ist das Regelwerk frauenfeindlich, wegen der Kopfbälle und getrennten Mannschaften (wütend Emoji).«
»Jo.«
»Du bist sehr kurz heute. Fussball ist nicht dein Thema. Du hasst Fußball. Genau wie ich, weil überbezahlter Narzissten bekloppter Mist.«
»Das stimmt.«
»Fussball ist wie talk über Frauen bei dir, zwei Hassobjekte.«
»Ich mag Frauen. Sie können so schön putzen (betende Hände Emoji).«
»Das sind blöde Macho-Phrasen. Du benutzt sie nur als Lustobjekte, wie eine Puppe, ein Spielzeug (Daumen n.u. Emoji) bei einem kleinen Kind.«

»Ja.«
»Siehste.«
»Ich respektiere sie aber auch.«
»Nein.«
»Doch.«
»Nö, ich kann's beweisen.«
»Wie?«
»Wenn das stimmt was du laberst, dann hättest du schon längst Bébé flach legen müssen. Sie bettelt schon viele Jahre und erhält immer nur Körbe von dir. Das ist respektlos (traurig Emoji).«
»Ich überlasse den Damen diesen Part aus Höflichkeit. Muss auch nicht jede flach legen (erschöpft Emoji).«
»Du Gutmensch. Plumpe Ausrede, denn das ist die Bestimmung von uns Männern. Der Sinn des Lebens – so viele *Perlen* wie möglich flachlegen (schwör Emoji). Du bist auf alle Fälle entlarvt. Nimm dir ein Beispiel an Anja. Sie legt *jedes* Flach, egal welche Farbe, Ideologie usw. und gibt sich dabei viel mehr Mühe.«
»Anja benutzt die Männer nur. Da bin ich viel edler. Ein gutes Gespräch ist auch was wert.«
»Wenn der *Zaubergarten* juckt und die *Grotte* voll Wasser läuft? Was ist das für ein Hohn. Du redest wie *Bärbrockt*, wenn sie ihren Lebenslauf erklärt.«
»Oke, aber das sieht man den Frauen doch nicht an?«

»Was soll das damit zu tun haben. Die Leute gehen doch mit ihren Hunden Gassi, präventiv, da hält doch auch keiner ein Schild ich muss pissen.«
»Und Frauen reden verblümt. Das ist mir viel zu kompliziert, um mir da Gedanken zu machen. Wenn die einfach sagen würden, hey willst du *knabbern*? (Smile Emoji) Dann würde ich es tun.«
»Dann würdest du es auch nicht machen, sondern gehen (fragend Emoji).«
»Nein, würde einen Termin suchen.«
»Das ist doch nicht erotisch. Die schmeißen die Küche an, wollen dir Baguette im Ofen aufbacken und du holst das Filofax raus. Oh Mann. (Unverständnis Emoji) Ich sag's Bébé. Sie soll direkt sein und nach einem F-Termin fragen«
»Ja. Fussball. Lol.«
»Du bist wie die Fußballer, echt – bigottisch.«
»(Smile Emoji) *Trommle* nur zu bestimmten Zeiten. Es gibt Trainingszeiten und Spielzeiten. Freitag und Samstag ist Spiel.«
»Lol. Mein Gott Walter, du hast immer Ausreden wie die Kicker, warum der Ball nicht rein ging oder eingelocht wurde.«
»Und noch was. Nur bei Feiertag, frei und zu großer Hitze darf es auch nicht sein.«
»Das ist schlau. Abgeklärt und weise bist du wie der Kaiser. Du machst dir keinen Stress.

Du weißt genau, es gibt immer irgendwo einen Matchball (Daumen n.o. Emoji).«
»Ja. Genau macht alles Sinn.«
»Ja stimmt, sehr sinnvoll alles das.«
»Eben ich bin völlig durchorganisiert.«
»Wie das A-Team.«
»Habe für jede Aufgabe den richtigen Charakter parat.«
»So ich muss jetzt zum Abendspaziergang. Du bist informiert.«
»Jawohl. Marsch 10.000 Schritte (Kuss Emoji).«

DIY-Vegane (*M*)*Uschi*

Heute: 21.06.2021

»Ich will aufhören und habe jetzt zwei Neue, die an mir rumgraben (durchdreh Emoji). Das ist doch nicht normal Hans? Gestern sagte ich dir mir reichts. Ich habe genug. Ich will mir eine Exit-Strategie ausdenken und jetzt schickt mir das Universum gleich zwei weitere *Saugnäpfe.*«
»Du willst das so! (Daumen n.o. Emoji)«
»Danke für deine ausführliche Antwort. (Groll Emoji) Ich verstehe nur Bahnhof?«
»Meinte damit, die machen das, weil du das so willst. Nicht reagieren und Ruh wäre.«
»Die lassen nicht locker. Das ist wie in dem Film die *Körperfresser* (Unverständnis Emoji).«
»Doch, du schickst falsche Schwingungen. Du musst cool bleiben, sonst entdecken sie dich, auch wie in dem Film und dann fressen sie dich.«
»Arschloch! Mir geht's wie Mozart, die verfolgen mich sogar bis nach Hause. Klingeln dann und tun ganz überrascht und zufällig. Ach wollte mal sehen wie du wohnst blablabla... Du meinst ich hätte nicht aufmachen sollen?«

»Sag das nächste Mal durch die Sprechanlage. Keine Zeit und lass die Tür zu (betende Hände und nichts hören Emoji).«
»Das kann ich nicht, bin zu barmherzig. Habe zu großes Herz. Ein Bekannter hier oben empfahl mir Dolly-Club, kostet wohl so 30 Euro im Monat. Er meinte dann hast du immer was zu poppen und den ganzen Stress davor nicht.«
»Du nervst mich grade. Glaube fange an dich zu hassen (wütend Emoji).«
»Dir geht's nicht gut, oder? Deine Nerven liegen blank. Abgerubbelt vom zu vielen *Wixen*. Was gibt es? Sind es die Frauen? Ärgern sie dich. Brauchst du einen Abschuss?«
»Nein mir geht's prima als überzeugter Dauer Single. Ich feiere dich nicht und das versuchst du rumzudrehen. Du bist wie Anja. Außerdem ist das Schwachsinn was du versuchst dir selbst einzureden (Daumen n.u. Emoji).«
»Oke. Du bist sehr weise und ich immer mehr wie Anja. Stellte das auch schon fest. Schätzungsweise färbt das ab. Was genau ist Schwachsinn, mein großes Herz gegenüber den Frauen? Das lernte ich bei dir. (Lach Emoji) Bist du sauer mit Anja wegen den Kerlen. Wie sie die reinlegt?«
»Nein bin ich nicht. Ich halte mich da fern. Will mit denen nix zu tun haben. Sie bereichern mich geistig nicht.«

»So wie ich?«
»Ja, zumindest teilweise und grade wird es schlechter und das verursacht mir Sodbrennen (traurig Emoji).«
»Blabla, was für eine arrogante Hühnerpisse. Du bist doch einfach nur gefrustet vom Leben, weil du zu viele schlechte Einsätze schieben musst und weil du im falschen Leben abhängst, und deshalb brauchst du grade einen Sündenbock und der bin ich, auch weil ich grade so erfolgreich bin mit meinen Büchern und dadurch noch mehr Chancen bei den Hasis habe (Sterne Emojis).«
»Bluberbluber die ewige *Psychleier* aus deinen schlechten Büchern, mit denen du versuchst, deine eigenen Schwächen als toll darzustellen und die Tatsachen verdrehst. Es ist immer das Gleiche. Du bist zu schwach, dich ein paar *Dosen* zu entziehen. Du bist das Opfer, das seinem Jäger auflauert.«
»Ich schmeiß mich weg. Ist das geil, deine gequirlte Kacke. Du erinnerst mich an *Catweazle.* Aber wenigsten kriege ich den Arsch von der Couch und ordentlich was vor die Flinte. Lieber schwach im Leben und dafür ein Macher – ein echter Trendsetter wie Donald Duck.«

Anmerkung von Franz
Hans schweigt auffällig lange. Etwa 11/2 Stunden.

»Jetzt bist du sprachlos, weist nichts mehr zu sagen (Regenbogen Emoji). Schönen Arbeitswochenbeginn noch.«
»Nö, musste nur überlegen, ob ich diesen doofen Chat hier weiterführen soll. (Kotz Emoji) Du kriegst doch nur am PC einen hoch. Das geht bei Gelhart auch nur so. Nichts Echtes mehr. Nur Cybersex.«
»Ich würde die ja auch gerne alle in echt knallen, aber sie gefallen mir nur in der Fiktion. Gelhart und ich haben viel gemeinsam, wir lieben das Regenbogen Emoji.«
»Das ist das Schwulenzeichen.«
»Na und, du bist doch auch latent homosexuell ich spüre das. Du hast über ein Jahr damals gegraben, bis ich mal mit dir ausging. Zuerst kannten wir uns dienstlich nur vom Telefon. Dann musste ich paar Mal zu dir wegen Unterlagen abholen und fielst gleich mit der Tür ins Haus. Von wegen wir könnten ja mal was privat machen. Du bist ein *After Eight* (Regenbogen Emoji)«
»Brülllll, neeeee, alles nur das nicht. Aber damals waren die Uniformen noch grün, wie die süßen Pfefferminzkacheln.«

»(Herz Emoji). Steh dazu, du verkappter *Hinterlader*. Viele *Neurechte* sind *Warme* oder lesbisch. Sage nur *Alice Wetel* im Wunderland.«

»Das ist zum Totlachen. Du ätzt nur rum, weil ich dich entlarvt habe und außerdem bin ich kritisch nicht rechts. Gefällt mir halt nicht wie die Mutti *Verkel* das Land runtergewirtschaftet hat.«

»Ja du hast recht, beim Letzten. Regieren durch Stillstand. Alle Kritiker verbannen und eine Meinungsdiktatur errichten (Schnarch Emoji). Ich petze, wobei hattest du mich nochmal entlarvt? Dass ich rich bin und ein top Autor und ein geiler Bock mit *Dauerständer*?«

»(Unverständnis Emoji). Dass du vorgibst von Damen belästigt zu werden. In Wirklichkeit ist es umgekehrt. Du bist ein alter geiler Bock, der nur paar Dig-Bildchen verschicken will und Ladys schockt. Das ist so billig und würdelos, wie die *Tagessau* oder *Rayntritt Killner* (heul Emoji).«

»Weich & Unfair hast du noch vergessen. Echte Kritiker kommen da nie zu Wort. Ich dagegen stelle mich mutig deiner von Neid getriebenen Kritik. Und ich muss dir jetzt leider auch mal Recht geben. Ja stimmt, ich belästige sie und drehe es rum, ich bin so eine traurige Gestalt geworden. Es ist zum Kotzen.

Das liegt am Lockdown, davor war ich ganz anders.«
»Ich helfe dir (Smile Emoji).«
»Danke Coach (betende Hände Emoji). Gib mir die erste Lektion. Ich bin ganz voller Eifer und heiß.«
»Gut wir fangen gleich an. Klick auf den Link www.la-vagina-plastico-......de, hier siehst du wie du dir eine vegane Vagina bauen kannst DIY.«
»Danke das ist toll, werde dazu noch Plastiktüten von Aldi und Ananas nehmen.«

Anmerkung von Franz
Brauchte halbe Stunde für das Projekt

»Brauche jetzt die zweite Lektion?«
»Das ist schon alles. Steck ihn einfach rein, wenn dir danach ist. Geht auch mal unterwegs im nächsten Gebüsch oder so.«
»Oke danke, geht auch beim Radeln, safe (Smile Emoji).«
»Gehst du jetzt radeln?«
»Ja.«
»Lass dich nicht erwischen und wechsle auch mal die Tüten aus, aber nimm keine Papiertüten du Öko.«
»(Betende Hände und Regenbogen Emoji)«

Brüssel und ein top Tipp

Heute: 24.06.2021

»Maria will wissen, wo du dein Rad gekauft hast? Sie will bis zu 4.000 Euro anlegen.«

Anmerkung von Franz
Fast fünf Stunden und noch keine Antwort von Hans. Die Läden schließen demnächst.

»War die Frage zu kompliziert oder *hasst* du Maria, weil sie eine Frau ist und radeln will? Hier dürfen Frauen das noch. Zum Glück und bald noch vieles mehr. Es kommt nämlich das Zeitalter der *Grazien* und sie werden es uns heimzahlen, und zwar zurecht. 2000 Jahre Unterdrückung und die Frauenhasser werden zuerst verbrannt. Lol«
»Was laberst du für einen Müll (nichts böses sagen Emoji). Ich war on the Road in the Urlaub. Habe es gekauft bei „Das Rad dreht sich immer“ in Feudenheim. Bin in Brüssel. Muss hier bissel ins Casino. Fühle mich gut aufgehoben bei den Reichen und Schönen. Habe mir 2 Tage eine Asiatin gemietet und werde sie *ausbeuten* und *benutzen*. Ich bin eine Seefahrernation.«
»Du bist polnischer Abstammung (Unverständnis Emoji). Und Brüssel ist mega

gefährlich. Das waren keine großen Seefahrer und siehste ging doch jetzt ganz schnell mit dem Radladen. Sage es gleich Maria. Sage ihr alles auch dass du bei den Reichen und Kiffern abhängst und schon deren versnobtes Verhalten angenommen hast und dich deshalb mit uns nicht abgeben willst und Frauen versklavst und ausbeutest (Daumen n.u. Emoji). Sie wird sagen Brüssel sehen und sterben.«

»Oke. Das ist gemein in Teilen. Wir wollen nur Spass haben. Mussten mal raus, in dem ganzen Lockdown *Deprie-Scheiß* (betende Hände Emoji).«

«Dir ist alles egal. Lol und Respekt. Wo liegt dieses Brüssel verdammt?«

»In Belgien, an der Küste.«

»Drogenurlaub? habe gehört das neue Mekka der illegalen und legal Highs wäre jetzt Belgien. Nehmt ihr verbotene Substanzen. Ihr wollt eine Horizonterweiterung. Das ist vernünftig und dabei noch *liebe machen*. Du bist so schlau. Aber die kriegen dich am Arsch, wenn du zurückkommst. Es geht dir wie Daum. Haarprobe und Kittel aus.«

«Ich breche durch jede Kontrolle durch (Daumen n.o. Emoji).«

»Schon klar, aber das machen die heimlich, wenn du am Arbeitsplatz kurz einnickst, dann kommt Koll. Karamasow und nimmt dir Haarprobe – Peng und du bist raus.«

»Brüll, ich schmeiß mich weg. Habe eh keinen Bock mehr die Kohlen für diesen *Scheiß Unrechtsstaat* aus dem Feuer zu holen.«

»Verstehe du bist gefrustet, willst eher die Kohlen reintun, mal einheizen, musst mal paar Tage ausspannen und andere beherrschen, den Weißen Mann rauslassen. Machst du echt Sex-Tourismus?«

»Nicht nur, ich beute sie komplett aus, wie ein Sklavenhändler. Danach esse ich ihr *Herz* und ...«

»(Erregt Emoji) Hast du einen Tripp geschmissen oder falsche Pilze gefuttert. Pass bloß auf. Schon manch einer kam nicht mehr richtig runter von den Hofmännern.«

»Nein, geht nur um die *Puppen*. Das sind halt meine Fantasien.«

»(irres Emoji) Du und *Damenwelt*. Wo du sie doch alle hasst und sie für dich nur *Zubehörteile* sind wie Hähnchenteile bei KFC? Die hauen doch alle ab, weil sie dich als Hans kennen aus den Büchern. Du bist berühmt. Aber das hat auch Nachteile (Lach Emoji).«

»Nicht hier in Belgien, meine Prominenz ist auf Deutschland beschränkt. Man sollte deine Bücher übersetzen.«

»Ja aber zuerst ins Französische. Aber das wird sich bald ändern. Ich mache dich auf der

ganzen Welt berühmt. Du wirst die männliche Emanuelle. Versprochen.«
»Danke, du bist ein wahrer Freund. Du Marquis de Sade [13] (Kuss Emoji) der Philosophy.«
»Ich kann dich dann coachen, dass du mit Frauen besser umgehen lernst oder sie komplett vergisst.«

Anmerkung von Franz
Hans Antwortet längere Zeit nicht mehr.

»Was ist los. Bist du wieder eingepennt oder hast du dir grade Dr. Oetker*in in den Ofen? Wie ist das Hotel? Bist du mit Anja oder Gelhart?«
»Deine *Genderei* nervt. Das ist Rassismus (Daumen n.u. Emoji). Hotel ist gut, nennt sich Royal Monkey, 6 Sterne, gibt hier auch ein Casino. Bin mit Borderline.«
»Wer ist das? Die verrückte Sanitätshaus Verkäuferin, die immer nur aufs Handy starrt und keinen Ton rausbekommt. Die den alten Opas die Medima Unterwäsche verkauft und ihnen bei der Anprobe in den Schritt langt und dafür immer richtig viel Trinkgeld bekommt.«

---

[13] Marquis de Sade (1740-1840), Pornographischer Schriftsteller.

»Ja sie weiß auch wie es geht, im Gegensatz zu dir und halt die ganzen *Muttis* sind noch um uns rum.«
»Jetzt fängst du mit den *Ladys* an, dabei wollen die von euch nix wissen. Ein Frauenhasser, oder Nörgler und eine *Bildschirmjunkiene* (Daumen nach oben Emoji). Du willst nur dass ich beeindruckt bin und Schnappatmung bekomme. Dem ist aber nicht so. Ich kann mich selbst kaum erwehren. Scheint so als würden die Frauen immer potenter. Lässt mich aber alles kalt. Total. Ehrlich. Ich schwöre. Mein Name ist Frost, Franz Frost, aber ich habe einen Tipp für dich.«
»Gib mal. Und der Nachname Frost gehört zu mir: Hans Frost. Ich habe es schwarz auf weiß in dem Buch *Herzverlierer*.«
»Oke *SpongeBob* drüber, ist viel besserer Rat wie dein letzter mit der Bastel-Fut. Also mit den *Miezen, hämmer* so viele wie du kannst. Mach den *Tetrapak* richtig leer und schüttle den letzten Rest auf ihre *Brüste*. So einfach ist das und immer schön Danke und Bitte sagen (betende Hände Emoji).«
»Werde darüber nachdenken. Zählt auch Cybersex dazu?«
»Ja unbedingt, das ist das Entscheidende und am fairsten. Darum mache ich das ja. Redet Borderline viel mit dir? Ist das ihr Spitzname? Hat sie auch einen Mann

gemietet? Zeige mal bitte ein Foto von der Grotte oder den *Tüten*?«

»Bin essen. Sie putzt derweil. Borderline schaut wie immer 24 Stunden auf ihr Handy. Sie redet so 10 Wörter am Tag, aber das macht sie zu einer angenehmen Reisgefährtin, denn sie labert so auch wenigstens keine Scheiße. Aber irgendwas stimmt mit ihr nicht. Es wird immer krasser. Sie schweigt und starrt auf den Bildschirm. Und wenn sie was redet, dann nur über Schuheinlagen, Matratzen Motoren oder Stützstrümpfe oder Erwachsenen Windeln oder Rollatoren. Glaube sie ist auch Internet süchtig, wie die meisten heutzutage (traurig Emoji).«

»Das mit Borderline klingt nicht gut. Denke aber nicht, dass sie Internetjüngerin ist. Glaube die hat mega Depression oder biopolare Störung oder ist Autistin. Das andere mit den *Mietweibern* glaube ich nicht. Haha. Brüll. Ich schmeiß mich weg. Gelogen wie oben. Zeig mir Buchung? Was kostet das und was macht Sie?«

»Die macht was man ihr befiehlt. Keine Rechnung, weil illegal.«

»Krass macht Borderline auch?«

»Ja. Wir Namen eine *Transe*, gemeinsam, da haben wir beide was davon und sparen richtig gut dabei.«

»Oke ihr Sparfüchse und die *Transe* ist dann auch immer schön beschäftigt, macht weiter immer schön viel *knattern* und höflich sein. Tschau.«
»Bis *denne*. Wir machen gleich Dreier (Smile Emoji).«

Anmerkung von Franz
Das mit den Prostituierten war natürlich gelogen. Auch gab es nicht eine Frau. Der Schwindel flog beim nächsten Treffen, durch Borderline auf. Seine zehn Wörter reichten dazu völlig aus.

Ein Hörbuch

Heute: 24.06.2021

»Sind grade im Coffee Shop (Ahornblatt und Zigaretten Emoji). Denke wir sollten ein Hörbuch machen. Wir sprechen uns selbst. Verlange auch keine Gage. Der Ruhm reicht mir (enthusiastisch Emoji).«
»Ja sehr gute Idee bin dabei. Aber welches Buch sollten wir einsprechen.«
»Lass uns einfach unseren Chatverlauf nehmen. Das ist krasser Kram.«
»Ja passt wir sind die neue Beat-Generation Hans. Wir brauchen aber neues Wort, neues Genre.«
»Wie wärs mit **Techno-Beat-Generation**?«
»Ja top, das klingt gut, aber gabs das nicht schon mal. Ich habe davon ja keine Ahnung, du bist der irre Autor.«
»Erfolglos fehlte noch. Aber jetzt haben wir unseren Style, unser eigenes Ding, wir schreiben in **TBG** oder wir nennen es **Impfniks**, eine Abwandlung von Beatniks oder **VacCov People**, ein Wortspiel aus vaccinated und Covid oder BCK Generation.«
»Was genau soll das dann sein?«
»Eine rudimentäre, hartgekochte Sprache, die keiner braucht, aber durch ihre

pardonlose Art knallt und heiß macht auf mehr. Verrückte Leute halt – dumm geimpft **Cofitneaks.«**
»Klingt nach Kopfweh? Sehe schon die Schlagzeilen die **VacCov** Schwuchtel Hans überzeugt durch ihr brutales kompromissloses hinnehmen aller auch noch so sinnloser Maßnahmen, wie die Impfung vor der Arachibutyrophobie[14].«
»Jawohl. Es muss weh tun heute, schon die Kinder sollen psychisch gebrochen werden, Individualität im engen Staatsrahmenvertrag, das ist der Zeitgeist, denk doch an das Tätowieren oder die vielen gehypten Sportarten. Oder die Kriege wo die freiwillig hinfliegen, um mitzumachen. Die junge Generation ist auf der Suche nach Kampf, positivem Schmerz und pausenloser Befriedigung.«
»Beim letzten erkenne ich dich (Daumen n.o. Emoji).«
»Was habt ihr um Himmels willen im Coffeeshop gemacht (fragend Emoji)?«
»Haben einen geraucht – schwarzer Afghane, geiles Zeug. Ich bin total geflasht und irre gut drauf. Wenn's beim Boostern nur auch so wäre, dann würde ich sofort mitmachen.«

---

14 Angst vor Erdnussbutter die am Gaumen klebt.

»Oke klingt top. Statt Quälfleisch Gammel Bratwurst gibt's demnächst beim Impfen *nen* Joint (Daumen n.o. Emoji) Ein Hörbuch kostet so 2.000 Euro aber mit Sprechern. Glaube nicht, dass ihr einen durchgezogen habt (schwör Emoji).«
»Bitte. Schau hier das Bild.«
»Ist das ein Joint da auf dem Tisch, neben deinem Bier?«
»Si Hombre. Absolutamente necesario.«
»Respekt wer's selber raucht (Regenbogen Emoji).«
»**Boomovic** Generation hätte ich noch anzubieten. Eine Kreuzung aus Booster und Covid und halt einem m (lach Emoji).«
»Seid ihr noch in Belgien? Hör jetzt auf mit den Drogen, sonst ist bald noch dein letztes Stück Gehirn weg. Wärst du bereit dich an den Kosten zu beteiligen?«
»Ja und jaha. An den Einnahmen aber auch.«
»Logo, wir machen 50:50 mit allem, auch den Fans. Du kriegst die *Pfefferminzblätter* und Männer, ich kümmere mich um den Rest.«
»Ok.«
»Ihr nahmt wohl eine Leck-mich-am-Arsch-Droge. (Lach, Regenbogen und Pilz Emoji) Aber denke wir müssten zum Einsprechen nach München oder Frankfurt. Hier in Monnem ist mir keine Firma bekannt die das macht.«

»Kein Problem. Denke das dauert paar Tage.«
»Ja, so ne Woche mindestens. Wir könnten einen auf Sex-Touristen machen?«
»Gerne, Deutschland ist ja der Puff Europas, mit einer *Zuchtmeisterin* an der Spitze.«
»Kein Problem.«
»Gut, aber jetzt kommt erstmal mein neues Buch *Psychotango mit mir*, dann ein Gedichtband *Bald ist Ladenschluss* – der ist schon fertig und danach oder dazwischen könnte man das Angehen. Wir werden uns Hans und Franz nennen und der Titel lautet. *Hans und Franz erklären ihnen die Welt und das Reich der Liebe.*«
»Top und als Untertitel empfehle ich, *Sie nehmen kein Blatt vor den Mund und es gibt kein Pardon* (verrücktes Gesicht Emoji).«
»Das läuft, wir werden berühmt werden, uns vor lauter Tantiemen schicke, edle Mercedes kaufen müssen.«
»Ja und wenn wir wo anhalten können wir nicht mehr laufen vor lauter hysterischer Fans.«
»Abwarten (nachdenklich Emoji).«
»Ich zieh mir noch 'ne Tüte rein.«
»Ich mache Abendyoga mit Immerrot, wenn sie mag und dann haue ich mich hin. GutN.«
»Buenas noches (Smile Emoji).«

Schwuchteln, un attentato und Rassismus

Heute: 24.06.2021

»Attentat in Würzburg. Manche Medien sagen die Nationalität des Täters nicht (nichts sehen Emoji).«
»Was war da bekam nichts mit (traurig Emoji). War auf einer Sex Party.«
»Angeblich Amoklauf, drei Tote, mehr tote Frauen als Männer, Bild meint es soll ein So...... gewesen sein. Warst du alleine auf der Gang-Bang-Party?«
»Nein Anja war auch dabei und Borderline.«
»Lol. Ihr seid echt *Hardcover* Typen (Daumen n.o. Emoji).
»Hab's grade gelesen. So ein *Dreckschwein*. Warum müssen wir auch die ganzen Irren aufnehmen.«
»Wir haben die doch irre gemacht, schmeißen ihnen Bomben auf den Kopf, beuten sie aus und geben nichts ab. Die ganzen angeblichen Kriege oder Friedensmissionen, am Ende steht Chaos und hunderttausende von unschuldigen Opfern und wenn die dann total traumatisiert, hier rüberkommen und sich nicht zu recht finden, da hilft ihnen keiner (traurig und heul Emoji). Und dann die Lager

in die die hier eingepfercht werden. Schrecklich, Seuchentempel und menschenunwürdig. Du tappst in die Falle. Geh nochmal in Kindergarten und dann Grundschule, fang nochmal bei Kant[15] und Hobbes[16] an.«

»Blabla. Denkst du vielleicht das ist Fake? Die Leute, die hier rüber kommen sind *Killer*, andere Kulturkreise, da ist der Ehrenmord noch normal und das Frauenbild ein ganz anderes (wütend Emoji).«

»Niemand tötet einfach so zum Spaß, außer in der Massentierhaltung. Also dein Frauenbild ist auch nicht viel besser. Es gibt nur den Unterschied, dass du sie nicht *angehst*, weil sie dir total egal sind. Alles was du sagst, dein ganzer Hass, deine Wut, dein Zorn und deine Unfähigkeit deinen Nächsten zu lieben, fällt dir direkt auf die Füße. Das ist ein Teil von dir. Das einzige Gute daran es ist meistens witzig und lässt sich als Hans gut unter die Leute bringen.«

Anmerkung von Franz
Es entstand eine kurze Pause. Möglicherweise schmollt Hans wieder oder

---

[15] Immanuel Kant (1724-1804), Philosoph und Aufklärer.

[16] Thomas Hobbes (1588-1679), Staatstheoretiker und Philosoph.

reflektiert, was aber sehr unwahrscheinlich ist.

»Du Penner, hast du noch was eingeworfen, biste wieder unter Drogen? (Monokel Emoji) Seid ihr echt noch in der Benelux? Habt ihr endlich mal richtige Drogen genommen, also LSD?«
»Moment, sah grade eine weiße Maus und paar rosa Elefanten vorbeifliegen. Das was du redest ist der übliche Scheiß den du immer bringst, wenn dir nicht gefällt was man sagt Gähn – wie langweilig. Da leck ich lieber noch ’ne Briefmarke ab.«
»(Nerd Emoji) Du bist eine verdammte zugedröhnte *lesbische Schwuchtel*, denke ich. Was leckst du grade?«
»Hofmänner 2000. Und nein, ich bin ein Stier und alle *Weibsbilder* wissen das. Du schreibst es selbst in deinen Büchern, da ist der Hans ein top Stecher. Hatte nur einen kleinen Joint davor zum Aperitif. Macht etwas lockerer, wenn man dann die 3 oder 4 Dame hernimmt. Real, nicht so wie bei dir mit deinem Cybersex (Smile Emoji).«
»Brüll, du bist so ein schlechter Märchenonkel. Oder 5 und 6, hatte schon 11 in einer Nacht. Damals in der zweiten Kur (umarmender Emoji).«
»Damit sind aber keine Tastenwiederholungen gemeint. Du machst

doch nur Internet Sex, nichts Echtes. Du *Wigser.*«

»Ich will nächstes Mal mitkommen, will mich von allem selbst überzeugen und euch zeigen wies geht.«

»Ja, gerne (Daumen n.o. Emoji).«

»Aber ihr werdet dann neidisch. Die Ladys sagen immer ich hätte einen C-Schlaub. So hart und lang und spritzig.«

»Am PC wollen, die das erkennen. Du trickst da doch (Monokel Emoji)?«

»Was dir fehlt ist die Bravo und das Dr. *Frühling* Team.«

»Und du trickst sie aus – nicht fair. Du bist ein CS Betrüger. Ein schlimmer Finger.«

»Ja oke, mache ab und zu eine Bio-Zucchini in die Unterhose.«

»(Lach Emoji) Deswegen auch immer am *och*, *ok*, PC. Scheiß Worterkennung. Du hast es in real nämlich nicht drauf. Sind dir alle zu alt und hässlich.«

»(kritisch Emoji) Du bist im Drogen Rausch. So viele *scjreibfehler*. Was habt ihr mit *drn latys* gemacht? *Fickifiggi*?«

»Ich pendle zwischen deutsch und flämisch das ist schwierig.«

»Am PC kriegst du wenigstens kein *Kofit*. Ich bin halt vorsichtig und Kondome mag ich nicht. Was heißt *Fick mich du geiles Stück* auf holländisch?«

»Wusste gar nicht, dass Kondome vor *Kofit* schützen, muss das unbedingt Anja erzählen. Sie macht sich immer so Gedanken, dass sie auf illegale Gang-Bang-Partys während des Lockdowns geht. Zum anderen, mein Holländisch Kurs ist schon paar Jahre zurück.«
»Aha. Gähn. Sooo langweilige Ausreden. Bist du wieder 16? Kommt wohl von den Hofmännern.«
»*Du en in dee futje.* Bitte!«
»Ich schmeiß mich vom Stuhl. Brüll. LoL. *Maiglöckjies und Holland Nilla Kase.*«
»Wenn es ihr gefällt, sagt sie: *„Do hest een guude riemje.*«
»Ja top. Du scheinst ein Sprachentalent zu sein. Das bemerkte ich aber beim Funken nie. Da hast du immer gestottert. Lol. Denke aber es wird ihr nicht gefallen, denn du bist ein Langweiler im Bett (Daumen n.u. Emoji). Willst immer nur schnell die Rakete von der Rampe kriegen. Bei dir dauert die Fahrt zum Mond 30 Sekunden. Das nennt man Schnellspritzer (Freudentränen Emoji). Frauen finden das doof, also normale, die wo Mann bezahlt, gut. Die belügen euch. Schieben auch Falle. Passt bloß auf. Lasst euch euer Macho Ego nicht kaputt machen.«
»Du lebst in einer Cyber Traumwelt, deshalb hast du auch keine Ahnung von der Wirklichkeit. Du bist in der CS-Matrix

gefangen. Nimm auch mal 'ne Pille, am besten in lila (Daumen n.o. Emoji).«
»Dein Gekeife nervt. Wie ein Waschweib. Ich kenn euch doch. Borderline die Langweilerin hängt die ganze Zeit am Handy, kriegt keinen Ton raus und du ärgerst dich, warum du immer wieder mit ihr in Urlaub gehst und die *Fakultäten* durschauen euch beide sehr schnell und nehmen dann reis aus. Auf Lüstlinge, die keine Jünglinge mehr sind hat keiner Bock. Ihr beide seid noch nicht mal echte Angeber nur kleine German Langweiler. Zum Glück habt ihr noch Anja dabei, die macht wenigstens was her, mit ihren langen Haaren und dem Damenbart.«
»Dein Gerede trifft mich nicht. Wir wedeln halt nicht mit 'ner Zucchini vorm PC rum, wir Treibens in echt im Drogenrausch, wie die Karnickel. Dauerständer dank blauer Pille. Sie werden sich ewig daran erinnern. Kein *Flick* wird jemals wieder so gut sein.«
»Ich wedle nicht mit der Zucchini. Die ist in der Unterhose zum Angeben oder ich stecke sie in das Loch und dann schreien die. Manche verlangen sogar nach einem Rettich.«
»Geschält damit es scharf wird?«
»Ja oder eine Gurke, das macht zarte Schamlippen. Ist wie Maske nur untenrum, schmeckt auch gut, dann beim Lecken.«

»Muss jetzt zusperren (Panik Emoji). Die *Tanten* versuchen reinzukommen.«
»Ja mach Stuhllehne an die Türklinke. Eddie Constantin[17] machte das auch so und es hat immer funktioniert.«

Anmerkung von Franz
Hans meldet sich nicht. Er macht sich so langsam Sorgen.

»Hat es nicht geklappt? Brauchst du Hilfe?«
»Alles gut (Daumen n.o. Emoji).«
„Wirklich. Du bist so kurz. Sie zwingen dich das zu sagen. Du bist in ihrer Gewalt? Sie werden dich aussaugen wie Zecken, dein ganzes Gehirn, durch deinen *Rüssel* ziehen.«
»Ja.«
»Das dauert Tage, denn er ist so klein. Lol. Ist Borderline auch so drauf wie du? Legt sie ihr Handy mal weg. Die Kerle sind doch von ihr immer mega enttäuscht hinterher. Du hattest mir das mal anvertraut. Bist du der größere Hengst?«
»Stimmt, aber gerade weiß ich es nicht. War so belagert.«
»Brüll, ich reis mir paar Schamhaare aus. Ihr zwei seid so Looser. Junkies ohne *Fickstolz*.«

---

[17] Eddie Constantine (1917-1993), der James Bond seiner Zeit.

»Der Neid spricht aus deinen Worten (rausgestreckte Zunge Emoji).«
»Hast nicht paar Details, pikant oder Fotos – noch besser Videos? Oder wie lange willst du mich noch langweilen mit deinem Egomanen Texten? Bringt ihr Drogen mit?«
»Ich muss gleich pennen. Selbst der größte *Bumser* macht mal schlapp. Ja.«
»Klemm sie an den Scheibenwischer mit schwarzem Isolierband, das Merken die nie und der Duftstoff im Wischwasser lenkt den Köter ab.«
»Danke (Daumen n.o. Emoji).«
»Ich glaube ihr seid eher dauerschlapp und zwei Warmduscher und habt euch nur gegenseitig was gerubbelt und damit es besser klappt und ihr es überhaupt ertragen konntet mit euerm stinkenden Omnivor Saft nahmt ihr wieder Hofmänner. GN und Gute Fahrt.«
»(Fick dich Emoji) N8.«

Wir machen competition

Heute: 05.07.2021

»Komme nach Mannheim, wollen wir uns sehen Hansi (Smile Emoji)?«
»Eigentlich nicht, aber es gehört sich so unter Freunden. Hast du noch Rad hier, du Lustmolch?«
»Ja, mein Dirt-Bike, das MTB.«
»Kenne ich das? Kann mich nicht erinnern. Mit Akku?«
«Nein, schwarz, ohne alles, reine Muskelkraft von *Deep Thought*[18], sogar 29 Zoll, für echte Kerle, Nix Elektro oder so, du Fischkopp.«
»Oke, 24. ist mein letzter Arbeitstag. Wir fahren nach Heidelberg, Königstuhl, Philosophenweg oder Altrip mit der Fähre rüber, der Weg dort ist sehr schön.«
»Oke, könne *ma* noch sehe, auch wegen Wetter und so, aber Altrip will ich nicht, da hatte ich mal 'ne echt üble Leiche.«
»Hä, was war da?«
»Da hatte sich so ein ganz junges Mädchen an der Brücke erhängt. Baumelte kurz vor der Wasseroberfläche an einem blauen Seil rum. Alle Radler, die Paddlern und von einer

---

[18] Der Supercomputer aus dem Buch Per Anhalter durch die Galaxis der die Antwort auf alle Fragen gibt.

nahen Berufsschule glotzten bei den Rettungsarbeiten zu (Unverständnis Emoji).«

»Verstehe Horrortrip (traurig Emoji).«

»Da kannste mal sehen, als Bulle, wenn du durch deine Stadt radelst, zur Erholung, das funktioniert gar nicht. Mich verfolgen da so 1000 Leichen.«

»Verdammter Scheiß Job. Wir werden *gefistet* von allen Seiten (wütend Emoji).«

»Wer?«

»Die Politik, die Verbrecher, die Opfer und die Zombies.«

»Zum Glück bin ich runter vom Todesstern.«

»Beneide dich, dafür ist es eigentlich zu wenig Alimentation. Du wirst überrascht sein, wenn du mich siehst.«

»Mag keine Überraschungen. Oke, las mich raten du hast lange Haare wie ich jetzt, um dich schon mal optisch auf das Aussteiger Dasein einzustimmen. Das wäre schlau. Denn das innere wächst ja bekanntlich nach, wenn das Außen passt (Daumen n.o. Emoji).«

»No.«

»Was dann, spüre null Bock zu raten, weil ich von dir keine Überraschungen gewöhnt bin. Du bist ein Langweiler, meistens zumindest. Sorry, aber ein Lieber natürlich. (Herz Emoji und Regenbogen)«

»Bin glaube ich noch schöner geworden.«

»Lol, Brüll, dito, ist bei mir das gleiche. Meine Haare sind wieder schwarz geworden

und die Falten im Gesicht und am Arsch verschwunden.«
»Wohl gefärbt und die Falten mit Säure weggemacht. Die Woche drauf fahre ich evtl. nach Meckpomm.«
»Ich bin ab Anfang August wieder in Zingst.«
»Oke vielleicht *könne* wir da auch einen Termin machen. Mal hier mal da. Komme mit Moped oder E-Bike. Bei mir kam die Schönheit von meiner Weisheit übrigens.«
»Das wäre mir neu, da scheint wirklich eine große Veränderung mit dir passiert zu sein in den letzten 14 Tagen. Aber ich glaube dir. Sag mir die Lottozahlen von nächstem Samstag, bitte? Ein Test will sehen, ob das stimmt?«
»Nein, zu materialistisch (Daumen n.u. Emoji).«
»Mannnn, gähn, hast du auch was Echtes als Beweis. Immer nur hot air und Selbstbeweihräucherung, seit Jahren. Du bist ein Standgebläse, aber zum Glück nicht wirklich gefährlich, weil deine ganzen Verschwörungsideen nur in deinem Kopf sind und du darum nie so ein Konterrevolutionär wie Ernesto Che[19] wirst (Schwerter Emoji). Du könntest, selbst wenn du wolltest, noch nicht mal einen stinkigen Furz auf einer Demo lassen, weil du ein Gutmensch bist.

---

[19] Ernesto Che Guevara (1928-1967), Guerillaführer und Autor.

Irgendwas in dir will böse sein, aber es klappt nie. Du bist der harmloseste Linke, Rechte und Radikale den ich kenne und noch dazu einer der nettesten Menschen auf der Welt. Total lieber Kerl also. Auf Arbeit biste genauso. Immer pünktlich, du kennst gegenüber deinem Chef nur das Wort „Ja" und traust dich nicht auch mal einen Tag K zu machen. Ein Weichei sozusagen. Selbst zum Stammtischprolet taugst du nicht, denn du trinkst nicht genug (viele Herzen und ein Kuss Emoji).«
»(Stinkefinger Emoji) Ach das sind deine üblichen Sprüche. Hast Sie vermutlich abgespeichert und sendest sie jedem in deinen Kontakten hin und wieder. Außerdem unterstütze ich Dschingis Khan, Jelzin und Mahatma Ghandi[20].«
»Du glaubst die Wahrheit, die du glauben willst, das tun alle. Nichts neues. Bei dir kommt noch hinzu, dass du einen Grund brauchst, um zu jammern, dein eigenes Versagen zu verstecken, wie die Mennige Anstreicher.«
»Keine Ahnung was das ist Mennige, aber dein philosophisches Gequassel nervt mich mal wieder (kotz Emoji). Glaube dir nicht. Bin der Meinung, dass es auch fast keinen Hunger mehr auf der Welt gibt.«

---

[20] Mahatma Gandhi (1869-1948), Asket und Pazifist.

Anmerkung von Franz
Bleimennige ist ein rötlicher Rostschutz der giftig sein soll und deshalb nicht mehr so beliebt ist wie früher.

»Ich glaube dir ist nicht zu helfen. Das allerschlimmste was so Leute wie du in ihrem Leben anrichten ist zur Wahl zu gehen. Bitte bleibe zu Hause diesmal. Deine Postings sind schon fast nicht zu ertragen. (2 x Kotz Emoji)«
»Nein, ich bin eine gefährliche Kampfmaschine. Ich schaffe 10 Klimmzüge. Das ist für mich Kindergeburtstag und nett bin ich natürlich auch. Und die *Donalt Trumpft* Mütze als WhatsApp Profilbild bleibt. Meinungsfreiheit nennt man das du Regenbogen Terrorist.«
»Du hast recht, Demokratie ist manchmal nur schwer auszuhalten. (Kotz und smile Emoji)«
»Was ist eine Demokratie ohne Kritik?«
»Eine Gemüsesuppe ohne Salz. *Weizn* ohne Alkohol (Daumen n.u. Emoji).«
»Genau, das nennt man Diktatur. Wir leben in einer, aber nicht erst seit Korona. Es fällt nun mehr auf.«
»Ah verstehe du meinst die Masken wurden den Delegierten runtergerissen durch das Super-Virus.«
»Ja wir müssen ihm dafür sehr dankbar sein. (Bettende Handy Emoji) Die VacCov's haben

sie entblößt und jetzt drehen die erst ungeniert auf.«
»Lol. Ist der Ruf erst ruiniert, regiere ich ganz unge....«
»Kapische. (Daumen nach oben Emoji)«
»So traurig, dass es den meisten Bürgern hier total wurscht ist, was die da oben treiben.«
»Ja, Hauptsache sie können sich den nächstgrößeren Flachbild TV kaufen.«
»Themenwechsel. Wir müssen deine Audienz hier planen. Beim letzten Radeln kamst du nicht mal ums Gehege und warst schon außer Atem und hast geschwitzt wie ein Kieslaster.«
»Ich bin ein ausdauernder Kämpfer. Chuck Norris von Ladenburg.«
»Lol. Das war früher mal bei dir, vor 40 Jahren oder noch länger. Schätzungsweise sogar eher, in einem früheren Leben. Da warst du vielleicht mal ein Marathonläufer im alten Athen. So nackt mit *Dauerständer* durch das Oval (Daumen nach oben und Smile Emoji). Aber das kann ich mir eigentlich nicht mehr vorstellen, denn du hast so gar nichts mehr davon. Null Klimmzüge traue ich dir mehr zu. Heute kommst du nicht mal mehr an die Stange. Ich konnte früher 7, jetzt noch einen, den aber dreimal.«
»Du bist gemein. Das ist Bashing. Ich muss mal probieren, wenn ich im Wald bin. Ich weiß nicht so genau. Musste mich halt all die

Jahre mehr auf die Straßenarbeit konzentrieren da kam der Drill zu kurz.«
»Oke, Deal, beim Radeln, gehen wir Trimm-dich-Pfad Karlstern. Da sind wir auch schön warm und dann machen wir competition. (schwör und Daumen n.o. Emoji)«
»Ok, geht klar.«

Anmerkung von Franz
Jeder schaffte nur einen.

(Schweine im Käfertaler Wald, 2021, Robert P. Martin)

Brauche wieder your help

Heute: 06.07.2021

»Ich brauche deine Hilfe dringend. Haaans! Ich habe Angst. Freiheitsängste (besorgte Emojis).«
»Was ist denn, sag halt um Himmels Willen, lebst ja wohl noch?«
»Noch ... ja grade so, es geht um ein Leben in Würde oder Partnerschaft.«
»Immerrot redet plötzlich von Beziehung und Partnerschaft, ich dürfte dann auch die *Anakonda* mitbringen. Das macht mir Angst. Ich sagte Sex ja, das *andre* no way.«
»Das hast du gut gemacht (Daumen n.o. Emoji), aber wer zum Teufel ist Immerrot? Hast du schon wieder eine neue aufgerissen?«
»Ohhh, verstehe du kommst durcheinander bei meinen ganzen *Weibergeschichten.* Immerrot ist die rothaarige vom Flohmarkt. Die wir dort kennen lernten und die dann über Stunden bei uns war und ihren Stand einfach zusperrte. Ich hatte schon Cybersex mit ihr. Das war ganz gut – noch ausbaufähig.«
»Warum?«
»Sie ist noch etwas *schinant.*«

»Verstehe, die Videos sind noch zu anständig.«
»Ja genau, die Sprache auch. Gerade beim online *Fummeln*, ist das Drumherum, mega wichtig, du musst fähig sein Gefühle beim anderen über 4G zu erzeugen, das kann nicht jeder.«
»Oke, da drin bist du der Experte, der Professor für digitale Erotik. Aber schreib nie mehr 4G. Mich kotzen die G´s an. Die sind doch irre. Mit ihren Maßnahmen verschlimmern die die Lage. Die Leute müssen raus, drinnen stecken die sich doch an. Egal, wir sind alle wieder im KiGa. Was Immerrot anbetrifft ist die Lösung denkbar einfach. Sag einfach kurz und knackig NEIN.«
»Ich sagte es von Anfang an, also nicht so direkt und lies etwas Hoffnung. Will sie nicht verlieren. Sie scheint ganz *narrisch* auf Beziehung und Erotik. Wohnt in der Neckarstadt.«
»Da wohnen keine normalen Leute, da ist auch der Puff (stirnrunzelndes Emoji). Du musst ihr jegliche Hoffnung nehmen. Vielleicht will sie da raus. Sie will, dass du sie freikaufst.«
»Nein du Schwätzer nicht jede die in der Nähe der Lupi wohnt arbeitet dort auch. Sie hat Top Job im Freibad. Aber Nähe, das kann ich nicht. Spüre jetzt wachsende Angst. Ich

sagte ihr wir machen Freundschaft plus plus. Ich besuche sie demnächst.«

Anmerkung von Hans
Lupi nennen sie in Mannem den Puff.

»Plusplus, das bedeutet wohl nur Cybersex. F++ halt. Lol. Dann kann ich nix machen. Du bist selbst schuld. In der Neckarstadt wohnen viele *Flittchen*, pass bloß auf.«
»Sie schreibt grade. Ich spüre die Angst, zittere vor Geilheit. Sie ist sehr *fickificki*.«
»Was schreibt die Untervögelte. Alle Frauen in dem Alter sind total unterbügelt, weil der Markt so eng ist.«
»Was meinst du damit, Sage mir deine Weisheit großer Meister (fragend Emoji)?«
»Schön dass du mich anerkennst. Es ist ganz leicht. Erstens sind ab 50 schon viele Männer gestorben, also es gibt mehr Ladys als Gents und zweitens, die meisten kriegen keinen mehr hoch oder haben keinen Bock mehr, weil sie zu Fett geworden sind und zu guter Letzt werden die *Puppen* im alter immer geiler und schmutziger. Comprende hombre?«
»Verstehe, du bist sehr weise. Danke Meister, GN.«
»Nacht.«
»Hier noch die Nachricht von ihr. War 'ne Sprachnachricht. Sie flüsterte, wenn du mich

das nächste Mal besuchst, darfst du deine *Anakonda* mitbringen und wir lassen sie in meinem *Dschungel* spielen.«
»Sie braucht es ganz dringend höre ich da raus (Smile Emoji). Sleep well in your *Bettgestell.*«

Das geht doch nicht …

Heute: 07.07.2021

»Maria hat sich das Teil gekauft in deinem Bikerladen, da wo du empfohlen hattest (Smile Emoji). Es wurde ein E Scooter. 5.500 Euro legte sie an. Ich war überrascht, aber die hat an der Börse mit Ethereum gut Geld gemacht. Natürlich aufgrund meiner Empfehlungen – insgesamt fast 30.000 Euro. Jetzt investiert die bissel in neue Sachwerte. Schlaues Ding.«
»Geil. Sie braucht eine Ersatzbefriedigung, weil du sie nicht pimperst. Sei fair *knall* sie.«
»Nein das hatten wir schon. Das wolltest du machen. Ein Freundschaftsdienst sagtest du damals.«
«Hab ich nicht.«
»(Unverständnis Emoji) Hier schau, der Chatverlauf, da steht es schwarz auf weiß.«

Anmerkung von Franz
Die entsprechende Passage wurde Hans als Screenshot gesendet.

»Oke vergaß das, so viele wollen was von mir. Muss sie erstmal sehen und ausloten, ob sie auch versaut ist. Glaube sie *nimmt es nicht auf* sagtest du? Das wäre eine negative Botschaft.«

»Natürlich *trinkt* die. Wer behauptet so einen Unsinn, totaler Quatsch. Aber leider nur vegane *Schleudermilch*, weil ihr das andere zu sehr nach ranzigem, vergammeltem Fleisch stinkt.«

»Du basht schon wieder auf die Fleischfresser. Zeig mal Foto?«

»Habe keins, aber schicke dir *Insta* und Fratzenbuch Links.«

»Okay, was ich sehe geht. Ich werde mit ihr biken.«

»Das geht doch nicht, dein Moped ist schon etwas in die Jahre gekommen. Da kann sie nicht mit dir fahren. Das wäre peinlich. Sie fährt Porsche und du Käfer und noch nicht mal ordentlich geputzt. Und dein Feuerstuhl ist angemalt wie ein Regenbogen, also so was *Schwules*. Das könnte ihr aufstoßen, denn das könnte ihren Ruf ruinieren.«

»Oke dachte mir schon sowas (traurig Emoji).«

»Tut mir leid. Aber die Wahrheit ist immer besser oder? Glaube auch Maria ist jetzt durch ihren Erfolg an der Börse, mit den Digital Währungen *richer* wie du. Ihr steht nicht mehr auf der gleichen sozialen Stufe. Sowas geht nie gut. Bleib bei deinen anderen *Bräuten*, den verarmten und verlebten Schrubbern und der platonischen Liebe zu

Bébé. Die einzig normale Frau in deinem Umfeld (Daumen n.o. Emoji). Aber du verschmähst sie und strafst sie mit deiner kalten haarigen Schulter.«

»Hahaha so ein Schwachsinn. Hast du wieder gesoffen und lungerst auf ’ner Hafenbank rum? Dir ist langweilig und dann kommt immer der Narzisst durch, weil du dann nachdenkst und es nicht ertragen kannst, dass nur die Fische im Hafenbecken an deinen Käsefüßen knabbern. Die Kunden rennen uns die Bude ein, mit unserer neuen Firma, du Kapitalzwerg.«

»Ich bin nur ein einfacher sexsüchtiger Bürger, der es dank harter Maloche zu ein bisschen Kapital gebracht hat und nur Naturdrogen nimmt, von denen es hier reichlich gibt.«

»Lol. Das Einzige was daran stimmt ist das mit den Drogen.«

»Warum rennen die euch eigentlich die Bude ein? Wegen *Gang-Bang* Anja, oder der Borderline mit ihrem Schweigegelübde oder Hans dem geilen Hecht, der aber nur alle halbe Jahr mal beißt?«

»Das Foto-Studio.«

»Eher Anjas Mistress Studio.«

»Ja, aber wir machen auch erotische Fotos auf Wunsch.«

»Ist Borderline auch dabei und Gelhart?«

»Logo, die rennen uns die Kiste ein, gerade im Lockdown, suchen alle den Kick, das Illegale. Sie wollen nochmal was erleben (verschämt Emoji).«
»Wie ist die Aufgabenverteilung?«
»Borderline kontrolliert die Buchungen und Gelhart macht Türsteher, wegen seiner Erscheinung.«
»Gelhart der Imker, klein und schlank und rank, als Aufpasser, Brüll, das ist geil, aber er kennt sich aus mit den Bienchen. Und Anja macht die ganze Arbeit?«
»Schon, aber ich helfe manchmal mit. Ist nicht leicht auf Knopfdruck böse zu sein.«
»So nennst du die *Hinterladerei*. Brüllll.«
»Arschloch ... (kotz Emoji).«
»Der Einzige, der von euch einen hochkriegt und den die Frauen verehren ist Gelhart, ihr großartigen *Tunten* und *Transen*.«
»Du bist doch auch *homo*!«
»Ja stimmt und stolz drauf, aber ich gebe es wenigstens zu. Ist bei mir als Philosoph wie bei den großen Griechen. Die *vögelten* auch durcheinander, war ganz normal. Warum heute alle so prüde sind, ist mir unverständlich (Regenbogen Emoji).«
»Du hast doch grade 'nem schlafenden Penner den Fusel geklaut und weggesoffen.«
»Hier gibt es keine Penner, lebe an der Ostsee, sehr mondän hier. Die Penner heißen hier Künstler (Stern Emoji).«

»Bist du ein Künstler?«
»Ja, klar und was für einer.«
»Ist das wieder dein Größenwahn, der sich im Fusel Bahn bricht?«
»Nein, das ist totaler Ernst. Bin bekannt als der Penner mit den tollen Gedichten, den längeren ungewaschenen fettigen Haaren und dem *großen dicken Pinsel* (Smile Emoji).«
»Lol, du bist ein Cybersex Künstler.«
»Das auch, hier werde ich bald berühmt werden. Suche für meine Installationen noch Models. Möchte auf der Seebrücke einen großen Touchscreen hinstellen und die Gäste können dann am Bildschirm *fummeln.*«
»Oke, denke das wird auf alle Fälle laufen. Nur du darfst da nicht auf der Mattscheibe zu sehen sein. Du bist nicht mehr tageslichttauglich.«
»Jetzt hast du mich *gebasht.* (Heul Emoji)«
»Ja, war mir eine Ehre. Ich bestand grade ein neues Abenteuer auf dem E-Bike du Möchtegern-Casanova. Die Frauen, die mich hatten empfinden selbst einen Diamantbohrer als Wackelpudding.«
»Brüll, wie kann man die Realität nur so verzerren. Aber mal in echt wie machst du das? Mich finden alle langweilig und was

passiert dann mit den Frauen, die du durchbohrtest, du Thor Heyerdahl[21]?«
»Sie beten mich an (Herz und betende Hände Emoji).«
»Klar, aber das ist keine Erklärung, vielleicht stinkst du und sie wollen flehentlich, dass du verschwindest und du interpretierst das als Liebe.«
»Oder so, brüllll.«
»Ich kann dich wegen deiner Frauengeschichten leider nicht loben, weil auf Nachfrage kommt, nie Fleisch an den Knochen, deine Stories sind immer ganz vage, so nebulös, ohne Tiefe, wie die Aussagen von *Clabauterbach*, sonst könnte ich dich schätzungsweise feiern, aber ich glaube du bildest dir das ein wie Gelhart. Warum du das aber benötigst und für dein Ego brauchst ist mir nicht klar? Ich geh jetzt an Hafen und verdrehe in echt paar Frauen den Kopf.«
»Lol…brülllll.«
»In echt berichte dann, aber nicht so lückenhaft und farblos wie du – Fischkopf.«

Anmerkung von Franz:
Der Chatverlauf war für etwa eine halbe Stunde unterbrochen.

---

[21] Thor Heyerdahl (1914-2002), Forschungsreisender und Umweltaktivist. Berühmt für seine Experimentelle Archäologie.

»Hier schau, esse gerade Pommes mit Ketchup und trinke ein Bier, am Kutter Johanna.

Anmerkung von Franz
Der weiß-rote Kutter ist leider mittlerweile beim letzten Zufrieren des Boddens aufgrund von Altersschwäche abgesoffen.

»Bringe mich in Stimmung. Lasse etwas davon in meinen Mundwinkeln, denn das erhöht die Chance, falls eine einen roten Piraten sucht. Es geht schon los erster Kontakt ist hergestellt.«
»Ja zur Bedienung vermutlich. Hockst du vorm PC und kloppst dir einen, während der Lieferando Bestellung.«
»(Grins Emoji) Schaue grade Belgien. Traf eben drei Krankenschwestern. Waren sehr nett, aber latent asozial und rauchten. Also eher was für dich. Eine sah auch ziemlich verlebt aus.«
»Sie wollten dir sicher helfen. Die sagten Ohhh guck mal der arme verrückte Ostsee Penner, muss sich einen am Handy *schütteln*.«
»Lol. Ich erwähnte, dass ich eine Penispumpe hätte. Dachte mir die sind vom Fach und interessieren sich dafür. Da wurden sie ganz wuschelig.«

»Hajo du hast es drauf. Wahrscheinlich dachten sie was redet der (Ohren zu halten Emoji), die dachten wohl eher du bräuchtest Einläufe um aufs Klo zu können oder da sucht ein Penner mit langen zotteligen Haaren ’ne Pflegekraft. Als Lohn gibt’s nur von ihm geschriebene Geschichten, die keiner verlegt. Ist das Teil selbst gebaut, aus einer PET Flasche und einem Kartoffelsack als Pumpe?«
»(Fick dich Emoji) Nein gekauft, kann ich nur empfehlen. *Riesenblumenständer* macht das, dagegen verblassen deine blauen Pillen vor Neid (Daumen n.u. Emoji). Er wird so nicht nur mega hart wir Stahl, sondern auch doppelt so dick und lang. Tinkerbell findet’s virtuos.«
»Ach die, die ist keines Wortes wert (schnarch Emoji). Nach *Getäuschter Mann* habe ich die gefressen. Habe mir Schuhe aus Eukalyptus Blättern gekauft und Dienstag fliegt die bekloppte Mannschaft raus. Laut JPM Chase gewinnt Belgien die EM.«
»Ich lach mich schepp, du hast belgische Drogen genommen? Haste echt was rüber geschmuggelt?«
»Ja, aber nur wegen dem Geschmack. Der war Spitze, aber ich vergaß die Wirkung (verrückt Emoji).«
»Und dir ist oft langweilig als Single, da hilft das. Morgen geht für dich die Maloche wieder los. Frohes Arbeiten. Mach bloß nicht K,

sonst dreh ich durch. Ich bin auf so Leute wie dich angewiesen, sonst kürzen dir mir die Pension.«

»Keine Sorge. Sie brauchen mich, meine Waffe ist das Wasser. Steht sogar im Internet auf WDR, Doku über einen Wasserwerfer. Kein Witz – das bin ich. Der Junge mit der Spritze.«

»Wasserträger. Du bist Darth Vader Senior der Wasserbomben Söldner (Totenkopf Emoji).«

»Ja ich bin ein Krieger mit einem Wasserschwert. Das Wasser kommt aus der Leitung. Bestes *verseuchtes* Trinkwasser für die Bürger. Selbst schuld.«

»Ich bin wie immer sehr begeistert, dass ich dich kenne.«

»Ja, danke. Ich brauche jetzt meinen Schönheitsschlaf.«

»Träum süß, von plätschernden Bächen voller Microplastik (Schnarch Emoji).«

»Donk.«

Nofretete muss back

Heute: 08.07.2021

»Hallo, guten Morgen Hansi. Grade beim Frühstück ist mir aufgefallen, dass wir die Büste von Nofretete zurückgeben sollten. Ich mag die aber sehr. Habe mich in sie verliebt. Das wäre die Einzige die ich sofort heiraten würde (verliebt Emoji).«
»Ja, denke da auch ständig dran.«
»Es ist Beutekunst und gehört Ägypten. Es war glatter Diebstahl, wie fast unser ganzer Wohlstand, nur auf der Unterdrückung unserer Mitmenschen in der dritten Welt basiert. Das bereitet mir schlaflose Nächte (Kopfverband Emoji). Es ist nicht richtig, wenn man mal genau darüber nachdenkt.«
»So würde ich das nicht sagen. Ausgeliehen auf unbestimmte Zeit. Wir haben sie ja auch ausgegraben und gefunden und restauriert. In Ägypten wäre die schon längst kaputt gegangen. Und die anderen würden das gleiche mit uns machen (Victory Emoji).«
»Deshalb ist es nur gerecht, dass wir sie ausbeuten. das Recht des stärkeren und das des(r) *weißen M/D/D/G*. Nö, das ist dummes Kolonialisten Geschwätz. Sie muss back. Wir behalten eine Kopie oder wir zahlen Leihgebühr.«

»Bin für Leihgebühr, aber die legen wir fest. Muss jetzt auf Arbeit.«
»Viel Spaß du Workaholic (Daumen n.o. Emoji), ich schaue auf Arte weiter den Bericht über Nofretete, glaube so kam ich auf das ganze Dilemma. Es ist Unrecht und nicht gut für das Volks-Karma.«
»Du bist wieder in der Abteilung Gutmensch philosophiert in der Küche gelandet. Lass das besser, kommt nix bei rum. Die Welt ist schlecht. Basta. Genieße es (Daumen n.o. Emoji).«
»Zynismus ist die letzte Bastion der Ungläubigen und ungefähr der schlimmste Zustand in den man als Mensch geraten kann. Du tust mir leid. Ich helfe dir da raus mein Freund.«
»Brauche keine Hilfe. Schon vergessen ich bin sehr weise.«
»Stimmt. (Lach Emoji) Aber der Weiseste kann mal daneben liegen. Siehe *Trossten* und wie alles immer verschlimmbessert wird.«
»Wolltest du Drossten schreiben oder bist du jetzt morgens schon am Trinken?«
»Geh mal lieber ruhig *orbeiten* und rette die Republik vor den Pflegeraufständen und den Demokraten mit anständiger Gesinnung. Lol.«
»Gehe jetzt los und werde viel *Cynismus* verbreiten (Sonnenbrillen Emoji).«

»Tschau du antiker Kyniker und viel Spaß beim Spotten.«

Rudelbumsen beim Bund

Heute: 09.07.2021

»Hi Hans, schaue grade Fussball.«
»Du interessierst dich doch gar nicht für das Gekicke? Du schaust das wegen den Männern. Das turnt dich an du Schwuchtel (Regenbogen Emoji).«
»Ich stehe dazu (umarmendes Emoji). Hatte schon oft Männer, Platon, Sokrates[22] und Diogenes[23] auch. Völlig normal damals und heute so eine puritanische Scheiße. Die Kirche vergeht sich ständig, aber die Homo Ehe wird kritisiert. Verdammte große Heuchelei.«
»After-Eight bist du. Das Zeug ist übrigens ungesund.«
»Merks dir. Du bist doch Cola süchtig.«
»(Daumen n.o. Emoji) An Gola gönntsch mich dodsaufen.«
»Kommt noch. Bei der Bundeswehr machten wir immer *Rudelbumsen* (siehe Fußnote 30). Ging ja nicht anders, waren keine Frauen da. Da man nicht wusste, ob man nochmal

---

[22] Sokrates war ein antiker Philosoph.
[23] Diogenes war ein antiker Philosoph und Minimalist. Er lebte in einem Fass.

lebend von der Front kam, dann lieber noch einen *Arsch geküsst.*«
»Klingt zwar logisch, aber auch sehr pervers. Du wärst in Knast gekommen, kann das nicht glauben (Mundwinkel n. u. Emoji).«
»Nö, war top Zeit, alle jung, immer frisch geduscht in den großen Duschräumen, alles voller heißem Dampf, wie im alten Rom. Aber am liebsten mag ich Lady Boys, da hast du einfach das Meiste. Würde mir auch gerne Brüste machen lassen. Dann bräuchte ich keine Frauen mehr.«
»Irgendwo kann ich das Verstehen, es klingt auch logisch. Ich muss aber erst etwas darüber nachdenken.«
»Auch Transen sind toppinger.«
»Hahaha.«
»Jetzt schämst du dich und wie bei einer Katze kommt eine Überschusshandlung. Du bist auch eine verdammte intolerante *Plastiktüte* mit einem angeblichen Foto Studio, ein *SM Junkie*. Was man wohl bei euch alles ins *black hole* bekommt?«
»Du willst mir dein Leben einsuggerieren. Das funktioniert nicht. Ich bin ein reiner homo. Das andere ist Business (Smile und Dollarscheine Emoji)«
»Neandertaler vielleicht. Unsere Triebe haben sich nicht weit von damals entfernt. Selbst die Keule benutzen manche noch zum *Flickflack*. Ich habe schon alles ausprobiert.

Alles war geil, so mehr oder weniger. Einmal wollte eine *Asparagus-Pipi*, aber das ging nach hinten los. Aber an was leidest du, dass du so prüde bist?«

»An Kampfeslust und es ist kein Krieg.«

»Mr. Hot air hat wieder geträumt. Du Schaumschläger. Du bist allerhöchstens ein kleiner *Fotzenschlecker* Hund (Zunge Emoji).«

»Ja ich lecke hin und wieder.«

»Ein Sahneeis mit Lachsgeschmack?«

»Hahaha, nein. Bekomme dann meist Genickstarre.«

»Das liegt an deiner Technik. Blümchensex. Gähn – langweilig. Tipp vom Profi: Die Haltung ist schlecht verändere die. Leg dich auf dem Rücken aufs Bett und die Frau setzt sich auf dein Gesicht. So kannst du alles erreichen. Lecken, Arsch klatschen und Brüste kneten und wenn die gelenkig ist, gibt sie dir Zungenkuss. Empfehle unbedingt nackt Yoga, das macht gelenkig. Da wirst du wie eine Anakonda (Daumen n.o. Emoji).«

»Bin halt nicht so pervers wie du. (Kotz Emoji)«

»Selbst schuld, wir leben doch nur einmal. Ich bin eine Sau und gerne pervers und das ist geil. Empfinde das als Lob, also Danke. Es ist lecker vertraue mir (betende Hände Emoji).«

»Bitte! Gehe jetzt ins Bett morgen gibt es neue News von Lukas dem Lokomotivführer. GN.«
»Bin gespannt gute Nacht.«

Anmerkung von Franz
Lukas hat die größte nicht aufgebaute Carrera Bahn der Welt im Keller stehen. Ist total neben der Spur und führt eine Beziehung, die einer platonischen Hassliebe am ehesten nahekommt. Er wittert überall Gefahr und ist mit Sicherheit Shizo. Zuhause liegt er nur auf der Couch unterm Dach in seinem Einzelzimmer (Das Bild erinnert an Spitzweg – Smile Emoji).

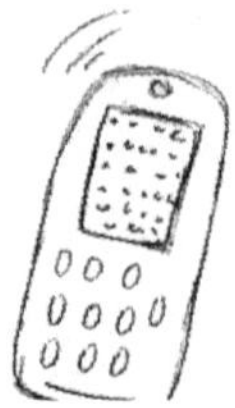

Die Außerirdischen kommen

Heute: 10.07.2021

»Hi, ich wollte dir noch von Lukas berichten (Grins Emoji).«
»Bin sehr gespannt, was es jetzt wieder verrücktes bei ihm gibt. Vielleicht hat er endlich mal seine Carrera Autos fahren lassen. Lol.«
»Nein, das geht nicht. Er bräuchte dafür mindestens eine
Industriehalle, so groß wie ein halbes Fußballfeld.«
»Wahnsinn. Er könnte der Bhagwan der Autorennbahn Fans werden.«
»(Grins Emoji) Aber da gibt es fast keine Frauen, deshalb macht er es auch nicht.«
»Verstehe schlauer Typ, aber warum sammelt er, wenn er nie damit spielt.«
»Wertanlage, denke ich.«
»Brülll! So verrückt. Er ist wie diese Poser oder Hummel Omas, nur introvertierter.«
»Genau und jetzt kommt der Hammer.«
»Bin ganz Bildschirm. (Daumen nach oben Emoji)«
»Lol. Er schrieb mir gestern, einen ewig langen Text. Er erklärte, dass er

rausbekommen hätte, in ewig langer Recherche und fast nicht beweisbar, dass die verrückten, irren Amis, eine Sonde in den Weltraum geschossen haben, auf der geheime Botschaften drauf sind. Hast du das schon mal gehört großer Gelehrter?«

»Wenn dann, Geleerter. Wissen ist Schrott, besser wäre nichts lesen und das Gehirn jungfräulich halten. Versuche meins gerade zu formatieren hier oben an der Küste. Glaube er meint die Voyager[24] 1 und 2 Sonden. Das war so in den Siebzigern. Goldene Schallplatten wurden da reingepackt. (Fassungslos Emoji) Eine sinnlose Verschwendung von Steuergeldern. (Daumen nach unten Emoji) Da bin ich ganz bei Lukas.«

»Der Weltraum ist unsere letzte Hoffnung. Aber wegen der Kohle regt der sich nie auf. Denke mal, dass er schon so 'ne Million bei Carrera gelassen hat. Ohne ihn wären die Pleite. Aber er wollte was anderes. Da sind also diese goldenen LPs drin und darauf so Musik und Texte, aber das kratzt ihn nicht. Wo er sich aber mega echauffiert ist, dass da wohl unsere genaue Position im Weltraum drauf zu finden ist und er kann es nicht

[24] 1977 gestartet und für vier Jahre konzipiert, senden beide Sonden noch heute Daten.

fassen, wie dumm die Amis sind (Totenkopf Emoji).«

»Lol. Er glaubt, das könnte für uns zum Nachteil werden? Warum genau?«

»Weil die Außerirdischen ihren Planeten runtergewirtschaftet haben, genau wie wir unseren und nun kommen und sich freuen und unseren dafür nehmen und uns platt machen (Sonnenblumen Emoji).«

»Bin überrascht, glaube Lukas ist sehr weise. Finde das jetzt auch ziemlich dumm und naiv. Man kann ja nicht davon ausgehen, dass alle da draußen so friedlich sind wie wir. Die Voyager Dinger waren mal wieder so typische Narzissten Highlights. Da ist übrigens noch Musik drauf, sagt das Huhn. Bach und Beethoven.«

»Hoffentlich bekommen die beim Anhören so Schiss, dass sie glauben wir wären furchtbare Krieger. Der Beethoven mit seiner 5 macht sie fertig. (Lach Emoji)«

»Glaube das funktioniert nicht und glaube Lukas wird Recht behalten. Sie werden uns wegballern, wie bei *Per Anhalter durch die Galaxis*. Wir haben keine Chance mehr. (Traurig Emoji)«

»Hast Recht, glaube sogar die Außerirdischen sind schon da. Sie regieren uns.«

»Brüll. Deswegen auch die Masken. Sie sind emotionslose Wesen und verstecken das hinter den Tüchern. Wir müssen schnell noch paar Biere trinken, bevor es aus ist.«

Anmerkung von Hans
Biere Trinken ist eine Anspielung auf Ford Perfekt und Arthur Dent. Die zwei mussten das auch noch unbedingt tun.

»Gehe jetzt nordisch walken. SP. Bis später.«
»Viel Spaß! (Regenbogen Emoji)«

Der Doppelagent

Heute: 10.07.2021

»Du bist ein Doppelagent (Wasserpistole Emoji).«
»Ja. Und es macht große Freude (Sonnenbrillen Emoji).«
»Bist du schon wieder in Belgien oder woher sind die Joints die da auf dem Tisch liegen.«

Anmerkung von Franz
Hans sendete ein Foto.

»Das muss geheime bleiben.«
»Ihr habt noch nicht mal selbst gedreht. Da liegen noch die Plastik Verpackungsteile daneben. Trotzdem glaube nicht, dass du kiffst. Schicke mir zum Beweis ein Foto, wo du ziehst. Mehr verlange ich nicht (Zwinker Emoji).«
»Dann hast du mich am Arsch. Bin doch nicht bekloppt.«
»Erstens bin bei Gift schon lange raus und Zweitens bin ich zwar *bi*, aber deinen Arsch brauche ich nicht. Stehe auf schlanke Männer mit *kleinen festen Möpsen*. Bin da sehr speziell aber das weißt du. (Betende Hände und Regenbogen Emoji)«

»Leck mich … Nein stopp. Geh mir einfach nicht auf den *Sack* … Nein. Halts Maul du Lustmolch (Grins Emoji).«
»Lol. Konsum ist straffrei. Hattet ihr Drogenrausch?«
»Ja, logo inkl. *Sexrausch* und so.«
»Also bei Anja würde ich das Glauben, aber Borderline ist eine Langweilerin und du brauchst eigentlich auch keinen *Sex* mehr. Zumindest behauptest du das immer, obwohl du ständig damit prahlst.«
»Ja brauch ich nicht mehr (Gähn Emoji).«
»Siehste. Bei mir leider anders. Totale *Sex* und *Stalaktiten* und *Höhlenforscher Sucht*. Lol. Bin ultra süchtig nach *Eufz*. Es wird immer schlimmer. Sollte mal in Kur deswegen, so 'ne Art Fanta Kur für Sexsüchtige.«
»Gibt es. Kenne einen der schon dort war.«
»Wo? Muss da hin? Zahle auch privat.«
»Weiß nicht genau wo das war. Muss nachfragen.«
»Du weißt nie was Genaues. Bist ein sehr direkter Typ. Brüllllll.«
»Es war mir damals nicht wichtig, weil ich wusste, dass diese Sucht mich nie befallen wird. Er ist ein immer geiler alter Bock, aber Weichei. 2 Meter Kerl und steht nur auf Softes. Will schmusen und so. Seine Ex wollte es richtig hart. Darum trennten sie sich. Er steht auf Schaumpartys und ähnlichen

Kinderkram. Freut sich, wenn er ’ne Schaumkrone auf der Glatze hat und unter dem Schaum mal bissel rumtanzen und *fummeln* kann heimlich. Vermute bei dir ist das ähnlich. Du bist zu feinfühlig für harten animalischen *Knall.*«

»Das stimmt nicht (Mundwinkel nach unten Emoji). Habe Tinkerbell schon mal auf den Po gehauen. Da wurde sie sauer und seither lass ich es, aber Immerrot die steht auf *Pfetzen* und ganz feste drücken und *per anum*, hat sie mir alles schon anvertraut. (Lach Emoji) Nur manchmal bin ich eine Heulsuse. Die Emanzipation lebe hoch. Männer dürfen jetzt auch mal flennen, neuerdings auch ganz ohne Grund (Regenbogen Emoji).«

»Weine nicht alles wird gut. (Betende Hände Emoji)«

»Es ist gut, wenn man Freunde hat, die einem aufbauen und in der Not helfen.«

»Ich habe ein neues Buch veröffentlicht, musste aber deinen Namen ändern.«

»Das ist scheiße, warum denn, ich war doch unter Hans schon berühmt.«

»Ja verstehe, es kam aber knüppeldick für Hans in dem Buch. Es hätte deine Figur zerstört, deshalb habe ich den Namen geändert. Im nächsten Buch bleibt alles beim Alten, du wirst wieder ganz der alte Hans sein (Daumen n.o. Emoji).«

»Okay, bin beruhigt. Brauche dieses Image. Es ist Teil meines Anmach-Plans.«
»Brülll. War vorhin bei den Surfern im *LaLa* in Zingst. Dem Hotspot und wurde angemacht, von einem Surfer.«
»Du bist im Wahn.«
»Yes I´am a sex maniac. Vorhin wollte eine wissen auf was ich stehe? Ich sagte es gibt Dinge, die gehen gar nicht. Sie wollte dann unbedingt eine Sache wissen.«
»Eine aus dem Web?«
»Nein, echte Freundin. Real life.«
»Die Chantale des Flohmarkts?«
»Ja, die heißt aber Immerrot, weil sie ständig Stress macht. Die ist sehr streng und kritisch, aber gut im Bett. Sie will *Sex*, macht aber auf Moral und findet: wäre eine Partnerschaft vorher nicht angezeigter? Dabei kann sie von meinen erotischen Fantasien nie genug kriegen und jetzt wollte sie mir weitere Geheimnisse entlocken. Sie wollte es so und als Freund eines Agenten, wusste ich was in solchen heiklen Missionen zu tun ist.«
»Äah, total abturnend, die Tussi, aber du brauchst sowas (leidendes Emoji).«
»Sie nennt mich ihre Love-Machine. Lol. Ich erklärte ihr, dass ich spezielle Sex-Praktiken bräuchte, ohne die es nicht ginge. Kann doch nicht die Katze im Sack kaufen. Ich wollte die auch foppen, damit mal Ruhe ist.«

»Das machst du gut. Schock Therapie und dann weiß sie so geht das nicht und es passt nicht. Eine die von Beziehung redet ist völlig unerotisch. Sie steht dann nicht zu ihrer Geilheit (Wassertropfen Emoji).
»Ja du hast vollkommen Recht, unterdrückte Emotionen, nicht gut, aber früher war die top, aber glaube sie hat nachgelassen. Das Alter halt.«
»Vielleicht lieber Muschi selber bauen? Was hast du ihr verraten?«
»Ich sagte ihr sie muss *es aufnehmen*, ansonsten geht nix. Erklärte ihr wie top meine vegane Creme ist. Bestes Superfood. Sie war sprachlos, das wusste sie nicht. Erklärte ihr dann, dass sie aber teilen müsse. Mein Organismus braucht das auch. Wir machen Honigspielchen, wie bei *91/2 Wochen*, und schieben es uns gegenseitig rein und rüber.«
»(Daumen n.o. Emoji) Es ist kostbarer als Kaviar und teilen versteht sich da von selbst. Du produzierst es in stundenlanger Heimarbeit nur mit den besten Mitteln. Quasi wie ein Sternekoch und dann kann, sie nicht alles nehmen. Das wäre unfair.«
»Jawohl Hansi, du triffst genau ins Schwarze. Lol.«
»Und macht sie es?«
»Sie schwieg lange, redete erst Drumherum und sagte dann nichts Konkretes. Sie ist auch

immer so streng und nicht locker. Gläubig auch noch. Denke sie kennt sowas nicht.«
»Sie steht vor einem Rätsel. Du hast sie schachmatt gesetzt (Sonnenbrille Emoji).«
»Ich wollte sie ja auch foppen, aber andererseits sie sollte dringend probieren, diese Bildungslücke schließen, das darf ich ihr aus Nächstenliebe nicht vorenthalten. Probieren geht über Studieren. Wer einmal *schleckt* der weiß wies schmeckt.«
»*Wichs* in einen Gefrierbeutel und sende es per Post. Ihr seid ja so weit auseinander und es wird zu lange dauern, bis ihr euch endlich mal seht. Sie muss es vorher testen.«
»Gute Idee aber das gammelt.«
»Du musst es nur kühl verpacken. Das ist eine Mischung aus CS und Real.«
»Ich könnte ihr paar Kekse mit *Herrencreme* senden.«
»Ja aber der Teig könnte das leckerste überlagern.«
»Sie muss sich auch erstmal dran gewöhnen.«
»JA als Trockenübung sozusagen.«
»Ja wie beim Bund die harten Kekse aus der Notnahrung. Waren so silbern verpackt. Erste Schritte nennt man das (Daumen n.o. Emoji).«
»Ja. (Lach Emoji)«
»Ich besuche sie demnächst mal. Werde wohl schwach.«

»Das sagtest du schon. Du bist verloren.«
»Scheissssse. Männer sind die Dümmsten.«
»Ja. (Seufz Emoji)«

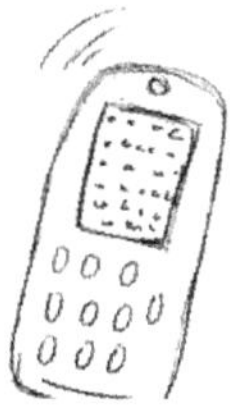

Hombre nobel

Heute: 11.07.2021

»Dir geht's nicht gut grade? Anja meinte das auch und Gelhart. Aber du sagst ja immer alles wäre ok. Wenn du mal reden willst. Du kannst dich immer melden (Sonnenblumen Emoji).«
»Ja, ihr habt recht, zu viel Exilheimat in dem Land. Kannst du da helfen?«
»Ja die Antwort passt. Dachte mir schon, dass dich das triggert. Die Leute brauchen unseren Schutz (Herz Emoji).«
»Dachte deine Antwort wäre wieder du bist in einer Depression gefangen und voller Hass der dich zerfrisst und das übliche blabla. Dein Küchenpsychologie Geschwafel halt (Daumen n.u. Emoji).«
»Lol. Das war sie auch. Hatte es nur nicht so direkt gesagt. (Lach und Zwinker Emoji) Love is the mission and the m… (Kuss Emoji)«
»Ja Love. Für mich gibt's nur Sex. Das ist eine Tatsache. Liebe nicht, das ist eine Idee.«
»Deine negativen Gedanken fressen dich von innen auf. Deine Wut ist nur ein stummer Schrei nach *Liehiebeee*. Und du solltest dich zu deiner Homosexualität bekennen. Oute dich. Viele Nationalisten *baden warm*, das

weiß man doch. Und an Vaterlandsliebe ist per se nichts schlechtes.«
»Lol, mega Lol.«
»Lachen ist gesund, du Fischdödel. Das machst du gut.«
»Ich gehe jetzt gleich *einlochen*, eine meiner alten treuen Ladys (Freude Emoji).«
»Glaube dir nix. Du *bumst* nur alle halbe Jahre und hattest gerade angeblich in Belgien eine *Nutte* mehrere Tage.«
»Das mit der *Nutte* stimmte nicht. Das weißt du?«
»Nein um Himmels Willen. Jetzt bin ich geschockt. (Durchdreh Emoji) Erzählte das Maria. Sie kann ja etwas spanisch und nannte dich Hombre nobel.«
»Wieso nobel?«
»Warum lügst du? Machst dich zum großen *Spargelstecher*? Ist das alles was *zählt Intim-Alarm* und Fremde hassen? Und nobel war für Maria, dass du dafür sorgst, dass die *Schwalbe* Arbeit hatte (Daumen n.o. Emoji).«
»Das andere tut mir leid, (heul Emoji), aber ich hasse die Fremden nicht grundsätzlich.«
»Gut, das hätten wir geklärt und sie fand noch nett, dass du sie gut behandelst. Ich sagte nichts dazu ließ sie in diesem glauben.«
»Wieso erzählst du Maria alles? (Erstaunt Emoji) Knall sie lieber mal.«
»War gelogen. Ätsch. Wurst wider Wurst Prinzip. (Sonnenbrillen Emoji) Fischhans!

Bist du eigentlich bekloppt, dass du denkst ich sage ihr sowas. Bin ich vielleicht irre, nur weil ich schon paarmal in der Klapse war und so viele diagnostizierte Störungen wie andere Muttermale habe. Außerdem Datenschutz und so. (Hand vor Mund Emoji)«
»Eben, da bin ich ja beruhigt. (betende Hände Emoji). Ich traue dir halt alles zu. Kenne dich schon zu lange und in deinen Büchern kennst du auch keinen Datenschutz (Daumen n.u. Emoji).«
»Jaja. Gott hat die Welt nach seinem Ebenbilde erschaffen. Viele blicken die Tragweite gar nicht.«
»Ich schon bin bei dir. Gott muss sehr zerstreut und brutal sein. Ein grausamer Chaot. Übrigens mit deinen Feststellungen zu mir. Du bist nicht der Einzige, der das meint. Allerdings sind die anderen die da sagen, ich hätte was an der Erbse alle selbst erkrankte Gestörte. Ein Gesunder hat sowas noch nie gesagt, glaube das ist der Versuch sich seinen eigenen Wahnsinn schönzureden und eine Suche nach Leidensgenossen.«
»Welche normalen Leute willst du kennen? Hape Kerkeling oder Xavier Naidoo?«
»Ich hasse dich, du regst mich total auf. Aber ich kenne Helge Schneider persönlich.«
»Lol. Kennst du das Sprichwort getroffene Hunde bellen? (Regenbogen und Kuss Emoji). Helge sagt wenigstens mal was

Vernünftiges. Es sind versteckte Botschaften.«

»Wau-Wau. Er kritisiert die Medien und ihre Lücken im Zaun. Und mit dem blöden Regenbogenscheiß gehst du den Mainstream Medien total auf den Leim. Das kam zuvor noch nie von dir. Immer machst du unter alles seit neuestem, den Regenbogen-Emoji. Du bist ein williger Knecht und merkst es nicht.«

»Du könntest Recht haben, die Pressefreiheit schmiert hierzulande immer weiter ab, sagen die Reporter ohne Grenzen, aber ich bin gerne Knecht. Das ist meine Bestimmung. Ein kleiner stiefelleckender *Wauie.*«

»Ich geh pennen du bist verloren. GN (Daumen n.u. Emoji).«

»Die Wahrheit tut dir wohl immer noch sehr weh. Good Night John Boy Hans.«

»(Lach Emoji)«

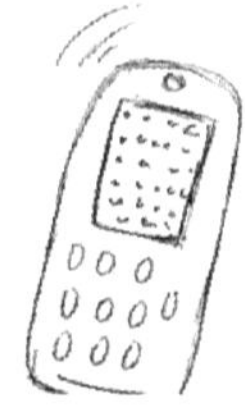

Ninja-Turtles

Heute: 12.07.2021

»Früher waren wir eine Heldentruppe (Stern Emoji).«
»Wir waren viel K. (Daumen nach oben Emoji)«
»Nix K, immer da. Da war keiner nie krank im Gegenteil Doppelschichten. Ich schwöre. Reine Wahrheit.«
»Hahaha die Geschichten erzählen die alten schon seit Jahrhunderten den Jungen.«
»Fischkopp. Wir hatte noch keinen Vollschutz damals. Nicht so Ninja-Turtle Kram. Die sehen aus wie PET Flaschen. Brauchten wir nicht, denn wir waren pfeilschnell, wie Wiesel.«
»Helden in Strumpfhosen? Wir bekamen total schlechten Fraß. Manchmal wars verschimmelt. Heute kriegen die sogar besseren Impfstoff.«
»(verrückt Emoji) No das waren keine Strumpfhosen, sondern grüne Strampler. Ein mega kratziger grüner Einsatzanzug. Wir hatten noch keinen Vollschutz. Das mit dem Impfstoff war mega schlau. Zweiklassen Zeugs gg. H1N1, falls es doch Schrott ist. Sie waren besorgt um die öffentliche Sicherheit und Ordnung. Hörst du mir überhaupt zu?«

»Ja momento por farvor. Denen geht es nur um ihre eigene Haut, deswegen verdienen wir modernen *Tempelritter* ja so viel. Wir beschützen sie und bekommen dafür von den Propaganda Priestern 30 Silberlinge und ein gutes Leben am Hofe. (Lach Emoji) Das mit dem Impfstoff war eine krasse Sache. Gleiche Leute wie jetzt und heute? «
»Keine Ahnung, aber einige waren schon mit an Bord. Auf alle Fälle Ninja-Turtle-Weicheier. Versager.«
»Stimmt. Wir waren viel härter damals.«
»Wir bekamen auch echt üble Verpflegung. Landjäger und alte Brötchen aus weißem Tod (Totenkopf Emoji).«
»Ja sie machen die gleichen Fehler wie die Schergen des großen Kublai Khan[25].«
»Manchmal war der Fraß verschwunden. Es gab dann einfach nix.«
»Und mancher der ihn gegessen hat, hatte mehr zu erwarten, wie heute die Impfnebenwirkungen.«
»Kannst du dich noch an den Castor Einsatz erinnern Hans. Da waren wir 36h ohne Schlaf im Dauereinsatz und dann bekam der Gruppenführer einen Magendurchbruch.«

[25] Kublai Khan (1215-1294), mongolischer Herrscher und Begründer der Yuan-Dynastie.

»Das lag aber nicht an den verschimmelten Landjägern, sondern, weil der immer so viel gefressen hat. Der aß unsere doch mit.«
»Lol. Welcher Khan eigentlich? Wir hatten nur einen Hundertschaftsführer den lieben Achim. Was Höheres bekam ich nie zu Gesicht. Reichte mir auch. Der Achim war immer mega uncool. So nervös.«
»*Fickrig*? (Fragend Emoji)«
»Irgendwie schon. Der wohnte tatsächlich gegenüber der Lupi, der 16ten., also dem Puff.«
»Und hat´s geschadet?«
»Seiner Karriere nicht. Für den Fraß konnte er ja nichts. Wurde angeliefert. Hat halt nicht geschmeckt und man bekam Reizblase.«
»Obrigkeitsgläubig war er und hörig. Verdammt dazu ein Sklave zu sein wie wir alle. Wieso muss man von Landjägern und alten Brötchen pissen? (Unverständnis Emoji)«
»Weil wir das Zeug gefressen haben im Akkord, dann noch Limo tranken, stundenlang in Polizeikette standen und niemals pinkeln gehen durften. Wir alle bekamen davon Blasen wie Kamelhöcker. Selbst die Gladiatoren wurden besser verpflegt. (Schwöre Emoji)«
»Ich weiß, aber ihr bekamt das doch nicht vom Essen?«

»Du gehst mir auf die Nerven mit deiner Pedanterie. Wir haben die Pisse natürlich hochgezogen und ausgespuckt. War dann so ’ne Mischung aus Brötchen-Landjägerbrei und gelber Limo. Die Bürger dachten wir sind verstrahlt vom Castor (Smile Emoji).«
»Dabei wars nur großer Mittelstrahl aus Fanta. Und dann gingen die erst recht auf die Barrikaden, weil sie dachten die Behälter verstrahlen. Solche Weicheier hüben wie drüben. (Kotz Emoji)«
»Nicht nur. Es gab noch spontanen Sex im Sprinter. Auch mit Bürgerinnen von draußen und Demo Teilnehmern. So ’ne Art Diskurs oder Plenum.«
»Eine erbärmliche Mannschaft wart ihr (Daumen n.u. Emoji).«
»Gruppenzwang. Ich war der Jüngste musste halt mitmachen.«
»Geschwätz.«
»Echt kann mich noch genau an alle erinnern.«
»Deine Phantasie geht wieder mit dir durch. Du hast dir am *Sack* rumgespielt und das wars. Wahrscheinlich drückte nur das Suspensorium.«
»Du Fischbirne. Schwöre bei allem was mir heilig ist. Wir hatten Sex im grün-weißen Sprinter. Keiner sagte da was. Wenn ich dir die Besatzung sage glaubst du mir.«
»Wer?«

»Dann wirst du genau wissen das muss stimmen (betende Hände Emoji).«
»*Red* schon.«
«Gut, aber das ist VS. Classified. Schwöre.«
»Oke, ich schwöre, bei meinem *Willy* (schwör Emoji).«
»Gut er soll dir abfallen beim Pinkeln und weggespült werden, wenn du dieses Gelübde brichst. Pissinger, alias der dicke Maikäfer, dann Jungberger.«
»Der Junge ich wird verrückt ...«
»Da horchst du schon auf.«
»Der *bockte* alles was ihm vor die Flinte kam.«
»Die Domina war da schon gefeuert wegen Drogen und Sexsucht, Ich, Hop-Sing, Bambi und die Gosch mit den großen Silikon Titten. Jetzt bist du baff.«
»Ja schon, aber bei der Gosch waren die Titten das einzige.«
»Du *Arschgesicht* bist nur neidisch. Die hat alles und jeden rangelassen. Im Dienst oder danach, das war der alles wurscht.«
»Ja wie die Schwarzern, aber die ist noch hässlich gewesen.«
»Jawohl jetzt hast du verstanden und gesoffen haben wir auch im Dienst.«
»Ahoi Brause. Lol. Du bist jetzt alt.«
»Alt und *geiler*, weil die Zeit rast und kann öfter, weil ich disziplinierter bin. Trotz falten am Prügel. Liegt an der mentalen Stärke.«

»… und an meiner Beratung (Nerd Gesicht).«
»(Daumen nach oben Emoji) Habt ihr wirklich gesoffen im Dienst?«
»Ja aber selten. Wir nahmen es wie das Wetter. Alles was kam auch Kurze. Kleiner Feigling und so. Wurden beschenkt von Bürgern. Manchmal waren es *Fasneteinsätze.*«
»Früher war ich so dumm. Hätte viel mehr Orgeln sollen.«
»Oach scheiß *Orglerei* ist überbewertet.«
»Ja und Nein.«
»Doch. Erst will man und man hat *Ihn* noch nicht mal richtig drin und denkt: wie komme ich hier jetzt wieder weg. Ging mir ständig so. Daran erkennt man das ok reicht schon.«
»Mir nicht. Ich dachte immer wie kann ich ihn noch tiefer reinkriegen. Will die immer erstechen.«
»Brülllll.«
»Bei dir sind das Ängste. Dein inneres Kind. Du bist traumatisiert.«
»Du als Hobby-Analyst musst es ja wissen.«
»Wahrscheinlich hat sich der *Roben Träger* an dir im Konfirmations-Unterricht vergangen.«
»Kann mich an kein Trauma erinnern. Bin nicht konfirmiert. Hatte keine Zeit.«
»Brauchst dich nicht schämen. Das ist normal machen die ständig oder im Landschulheim

ein Aufpasser oder Aufpasserin (fragend Emoji)?«

»Nein.«

»Oder eine Erzieherin, Fräulein Rottenmeier?«

»Ne. Ich bin ein freier Mensch und möchte das bleiben. Psychisch rein und gesund.«

»Lol. Du kannst dich nur nicht mehr daran erinnern. Du hast es verdrängt. Freud[26] lässt grüßen. Glaube mir das ist ganz normal für posttraumatische Störungen und solche Sachen. Das ist sozusagen der Beweis. Du weißt es nicht.«

»Achso. Glaube du hast dir schon das komplette Stammhirn *rausgerubbelt*. (Lach Emoji)«

»Möglich. Gib es zu, endlich. Du bist zur Freiheit verdammt und zur Wahrheit verpflichtet. Ich bin dein Guru in Lebensfragen (betende Hände und Regenbogen Emoji und Pistole).«

»Ja, klingt aber nach *Satre*.[27]«

»Bingo trotz Trauma und schlimmem Missbrauch. Me 2 lässt grüßen. Ich bin stolz auf dich. Jetzt solltest du dich noch outen. Könnte ein Buch darüberschreiben. Hans – weiß es nicht mehr ...«

---

[26] Sigmund Freud (1856-1939), Arzt u. Tiefenpsychologe

[27] Jean-Paul Satre (1905-1980), Philosoph.

»Doch dann fiel es ihm wieder ein dank der Franzschen Methode. Die so ähnlich funktioniert wie die Hexenprozesse im Mittelalter. Lol.«
»Nix gemacht. Keine Erinnerung – schuldig.«
»Vielleicht würde dir Hypnose helfen?«
»Komme mir verarscht vor, aber bin dabei. Gute Idee.«
»Ha ein Versuch ist es wert. Wir kriegen die Täter noch am Arsch. Anja schwenkt ihre Breitling Yachtmaster vor deiner Nase. Du konzentrierst dich und paar geile Sprüche später und etwas Lachgas bist du im Nirwana und fängst das Singen an.«
»Ich freue mich drauf (Smile Emoji), wir machen die richtig fertig für das was sie mir angetan haben. Für alles an was ich mich nicht mehr erinnern kann. GN8.«
»Ruhe sanft, mein armer Kamerad. Du kannst stolz darauf sein, dass du mich kennst (betende Hände Emoji).«

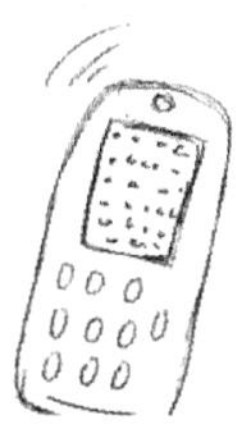

Breitling und ein Star

Heute: 13.07.2021

»Anja hatte neulich beim Strandbad Italiener, wo Gelhart, Borderline und Toni dabei waren einem Internetmann die Füße geküsst.«
»Wie geht das, der war doch im Netz? (Erstaunt Emoji)«
»Der war dabei. Nur im Netz kennengelernt.«
»Oke. Ist doch nix dabei, wenn Füße gewaschen sind. Viele Frauen stehen auf großen Zeh in *Kiste*.«
»Krass, das ist neu für mich. Toni hat seit gestern einen weniger.«
»Er tut mir leid. Hartes Schicksal für Toni, der immer nur die Getränkekarte liest.«
»Ja ist nicht so gut. Aber er ist so zäh (Daumen n.o. Emoji). Er fährt den ganzen Tag dieses Rikscha Ding durch Heidelberg, mit den Touristen.«
»Cooler Job, da lernt er viele Hasis kennen. Er sollte nur weniger Drogen nehmen, sonst ist es bald aus. Ich esse jetzt einen veganen Nussriegel ohne Zucker.«
»Hoffe er schmeckt? Das mit den Drogen ist sein Hauptproblem. Aber das ist doch so gewollt. Von Staatswegen, dann sind einige die hier nicht klarkommen und meutern

würden schon betäubt und halten schön die Mandeln still.«
»Musso (traurig Emoji). Mein Körper braucht das. Die Fette.«
»Fett ist gesünder wie viele denken.«
»Stimmt. Früher verteufelt, heute vergöttert. Schätzungsweise geht es vielen so.«
»Vielleicht schaffen *Phakti* oder Helge das auch noch.«
»Helge ist ein sehr ernster Künstler. Jeder seine Auftritte ist geplant bis zum geht-nicht-mehr.«
»Bei Anja ist das ähnlich. Sie ist hinter dem Geld her wie der Teufel hinter der Seele.«
»Warum? Hat doch so viel Kohle durch Arbeit, Nebenjob und Foto-Studio.«
»Weiß nicht. Sie braucht es für die Lasso-Schwinger denke ich. Breitling und das Blender Zeugs halt.«
»Das macht sie gut. Sie nutzt die Zeit wie die Stoiker[28].«
»Ja schon.«
»Mein Riegel ist Schrott. Hatte auf ein Stück harte Schale gebissen. Doof. Jetzt schmerzt der falsche Zahn.«
»Es sollte so sein. (betende Hände Emoji)«
»Was? Dass ich da drauf beiße und mir fast die Krone raushaue. Nicht dein Ernst?«

---

[28] Stoiker sind Anhänger der Stoa, die durch Selbstbeherrschung das eigene Schicksal ertragen.

»Doch. Es war eine Botschaft des Universums.«
»Oke (fragend Emoji). Was sprach es?«
»Den Inhalt musst du entschlüsseln, dabei kann ich dir nicht behilflich sein.«
»Arschkopp. Nimmst du wieder Drogen? Kenne hier jemand der hat auf einer Insel eine Hanfplantage und XTC Labor. Er macht hauptsächlich Mitsubishis.«
»Guter Trick. Hiddensee war das? Und nichts passiert aus Zufall, weder das mit deinem Zahn noch die Leute die in dein Leben treten.«
»Mega schlauer Typ der Typ wie du grade. Es war aber *Film*. Die Insel ist closed, angeblich wegen Natur. Lol.«
»Ah, irre. Danke, aber ich kann noch mehr.«
»Was? Ich hatte noch nicht viel bemerkt (Monokel Emoji).«
»Manchmal denke ich, ich hätte Rockstar werden sollen.«
»Kannst du singen?«
»Nein.«
»Lol. Macht nix. Playback und du performst dazu.«
»Ja, wie Boney M.«
»War das nur Show? Das war meine Jugend. Ich hatte bis heute fest an die geglaubt. Spüre grade einen Stich im Herz. (Heul Emoji)«
»Nicht traurig sein. Alle cheaten (Kuss Emoji).«

»Okay, schon weg. Kannst du tanzen?«
»Nein.«
»Lol. Wie hattest du dir dein Rockstar Programm so vorgestellt?«
»Ja, jetzt wo du es sagst, hätte ich Instrument spielen müssen.«
»Brülll. Kein Rockstar spielt selbst. Die haben Band.«
»Nicht nur die Sänger sind Rockstars.«
»Verstehe. Du kannst noch als Hans berühmt werden und als Moderator der Strahler-Sammel-Show. Die startet demnächst bei mir.«
»Ja genau. Die ersten beiden Folgen kamen gut an auf YouTube.«
»Hans der Multi-Star ist besser, weil du da zwei Fliegen mit einer Klappe schlägst.«
»Stimmt, aber der Sex ist mir Wurst. Hätte lieber die Welt mit meiner Musik beglückt.«
»Glaube du wirst wirklich ein Sexmuffel. (Lol und Daumen nach oben Emoji) Welche Richtung würdest du machen. Acid?«
»Was ist das?«
»Säure. So ’ne Musik die ätzt dir Gehirn weg. Wie Techno.«
»(Kotz Emoji)«
»Is aber geil. Passt zu deinen Drogenexzessen.«
»Mache lieber Rock gemischt mit Marschmusik.«

»Sei froh, dass hätte nie geklappt du wärst in die Klapse gekommen (schwör Emoji).«
»Ach was.«
»Schwöre. Du darfst es auch niemandem sagen sonst feuern sie dich, weil das das Bekloppteste ist, was ich seit langem hörte.«
»Was genau meinst du?«
»Musiker werden zu wollen ohne Talent und Stimme und mit dieser Richtung und das mit Mitte 50.«
»Es gibt Musiker, die singen nicht. Aber ja gebe zu is bissel spät (Smile Emoji).«
»Es gibt auch welche die *poppen* nicht oder *schlecken* nicht oder nix *braunes Haus*. Alles Kranke.«
»Brüll. Sie haben sich halt ausgedockt.«
»Abgedockt? Das ist nur das Ego. Das innere Kind. *Traumatas*. Sie wollen das nicht wirklich. Eine Ersatzbefriedigung.«
»Sie haben so viel mehr gebolzt als du, weswegen du das nicht nachvollziehen kannst.«
»Ich bin der *Oberkicker*. Der Master of *Soßanien*, da kommt keiner mehr ran. All meine *Mayo* auf einem Haufen und Deutschland würde absaufen wie beim süßen Brei (schwör Emoji).«
»Da sagt einer ich wäre verrückt. Lol.«
»Es ist die Wahrheit. Wenn ich *abspritze*, denken die Ladys die Feuerwehr mit dem D Schlauch ist da. Spray – Spray.«

»Kannst mit einer *Ladung* Graffiti machen. Kann ich dir helfen brauchst du Beruhigungsspray?«
»Warte kurz. Nehme etwas Chaga Tee.«

Anmerkung von Hans
Es gab 5 Minuten Pause.

»Gut wieder (Sonnenbrillen Emoji).«
»Ich habe ein Instrument gefunden.«
»Flöte? Oder Kastagnetten?«
»Nö, gibt so ein Holzring mit Glocken drin.«
»*Furzen* geht auch. Ist grade mega in.«
»Im Ernst ich mache das. Nimmt man in die eine Hand und schlägt es gegen die andere.«
»Ja klingt simpel. Wie beim *kloppen*.«
»Ja wo bekomme ich die nur her? Irgendwas mit T.... heißt das Teil. Mist.«
»(nachdenkliches Emoji) Du brauchst auch Fans?«
»Ja stimmt, die kommen automatisch. Ich bin berühmt als Hans (Smile Emoji).«
»Oke, aber glaube Frauen kommen nicht so viele, zumindest am Anfang. Du musst dein Image ändern. Hans der Frauenhasser. Du behandelst sie schlecht, es bleiben dir also nur Borderline, Anja und Gelhart. Hm... evtl. noch Toni.«
»Was redest du da immer. Stimmt null. Du bist gar kein echter Therapeut, denn der

würde seinen Patienten nicht so bashen. (Faust Emoji)«
»Ohaa. Überall ist ein wahrer Kern. Nina Haken würde dir schätzungsweise zusehen.«
»Sie ist musikalisch.«
»Sehr, mag auch Drogen und hat breiten Mund.«
»Ja.«
»Das ist wichtig, denn meine Eiweißtube ist sehr dick.«
»Soll sie dir einen blasen?«
»Gerne. Ich liebe gute Bläserinnen. Aber die wenigsten beherrschen ihr Instrument. Playback Mist. Sind viel zu passiv (Daumen n.u. Emoji).«
»Da magst du recht haben, aber mir ist wichtig, dass ich sie dabei grinsen sehe.«
»Es muss ihr schmecken.«
»Ja genau.«
»Als wäre es eine frische Auster.«
»Und sie darf auf keinen Fall Salz und Zitrone drauf machen.«
»Salzig mit dem Duft des Meeres. Dem Ursprung allen Lebens.«
»Der blaue Planet. Geh jetzt pennen, muss morgen wieder Lichtshow machen.«
»War das sexistisch?«
»Nein nur Wunschdenken. Die Gedanken sind frei.«
»Danke bin beruhigt (Daumen n.o. Emoji).«
»Dann Gut's Nächtele.«

Lesbische Biker + Kryptos

Heute: 05.08.2021

»Hallo, solche Wixer (wütend und Faust Emoji).«
»Hi, wo warst du. Konnte dich tagelang nicht erreichen Hansilein , dachte schon die hätten dich in ein Lager für nichtgeimpfte Staatsdiener (besorgtes Emoji) gepfercht.«
»Verdammter Kack ist das alles. An der Grenze zur DDR 2.0 war Kontrolle. Ich bin ungeimpft und ohne Test. Geldstrafe 500 bis 1.000 Euro. Wurden aber zum Glück durchgewinkt.«
»Geil. Impfrassismus, äh Anti-Patriotismus.«
»Wäre zum Rechtsanwalt. *Impfvaschischmus* ist das.«
»Verstehe nur Bahnhof. Das sind doch keine *Impfnacis*sten*. Die wollen doch dein Bestes. Das ist ja grade andersrum, wie damals. Da liegst du gewaltig daneben (Unverständnis Emoji).«
»Oke glaube ich werde einsichtig. Billy meinte ja wir werden 7 Mrd. impfen. Er kann das einfach so sagen, öffentlich, obwohl er ein Privatmann ist. Klingt nach Größenwahn.«
»Gebe dir etwas Recht. Er meinte das nicht so, war nur gute Absicht. Kennt halt die Wahrheit besser als du und er lenkt die

Geschicke der Welt. Er hat Verantwortung für uns alle. Seine Handlungen sind göttlich. Orakelte grade auch jetzt schon, dass es bald schlimmer kommt.«
»Der soll die Kohle hergeben, die er mit seinem Impfimperium und dem Microsoft Kampfstern erbeutet hat. Überall verhungern die Menschen und der hortet 200 Mrd. und lässt uns nach seiner Philanthropen Pfeife tanzen. Niemand kennt die Wahrheit (wütend Emoji).«
»Du bist doch selbst schuld. Hättest dich halt informiert und deine Bürgerpflicht getan (Daumen n.u. Emoji).«
»Verstehe. Maul halten und Steuern zahlen. Nie, was auch geschieht den Staat öffentlich kritisieren. Bin vor paar Stunden erst wieder eingereist. War in Urlaub mit Nordkoreanerinnen und so 'nem warmen Kollegen.«
»Wo? Du machst nur noch U oder K – wie ein Pensionär. Schöne Bilder übrigens. Ihr habt tolle Mopeds. Ihr stinkt nach Geld. Womenizer Hans in Rom? Die ewige Stadt versinkt im Chaos. Überall Gekreische, wie bei den Beatles.«
»Brüll.«
»Finde das gut. Hör ganz auf. Wenn die Maskendeals machen und das Geld zum Fenster rausschmeißen, dann darfst du auch chillen (schwör Emoji).«

»Ja werde momentan jeden Tag etwas reicher. Dank Bitcoin Mining mit Dienst Server (Smile Emoji).«
»Das ist gut. Ich habe schon wieder eine neue Frau. Traf sie im Hafen hier in Zingst und am nächsten Tag war ich mit ihr FKK machen, gleiche Stelle wie mit der Römerin und jetzt will sie hier hochziehen und eine feste Beziehung. Dabei bin ich doch Künstler. Ich kenne keinen Künstler der **#VacCov Generation**, der auch nur in irgendein moralisches Schema passt. Warum erwische ich immer nur so treue *Königinnen*? Ist mir schleierhaft, wie Anja das hinkriegt.«
»Uähhh, gähn die alte Leier. (Schlaf Emoji)«
»Sie zeigte mir schon ihre *Brüste*. Top sag ich dir und sie wollte mehr. Wir waren am einsamen Weststrand und lagen da Stunden lang, wie die Fritten in Fritteuse, in der Sonne und plötzlich redet die von Sex. Wir waren ja *nackig* ich bekam gleich einen *Fahnenmast*, aber ich glaube den hatte sie übersehen.«
»Wahrscheinlich ist dein *Lümmel* zu klein. Lol. Sie dachte, was ist das für eine Sprotte.«
»Du Fischkopp, ich habe fast 30cm und er ist dick wie ein Unterarm und läuft konisch zu wie ein Artillerie Geschoss – schlägt übrigens auch so ein. Totale Zerstörung hinterher.«
»Das ist ein Wunder, stinkst dann auch so wie bei einer Tüte Sprotten. Zauberei, wie du aus 13cm sowas erschaffst? Lol. Geh nach

Vegas mit der Show. Du hast sie doch vollgesülzt bis zum Anschlag und sie hat dann aus Mitleid gedacht, ach lass ich ihn halt mal ran (Herz Emoji).«

»Sie hat ein gutes Herz, das stimmt. Arbeitet nebenher bei der Erdbeerernte. Ich finde mich überhaupt nicht toll und habe keine Ahnung was die in mir sehen. Vielleicht weil ich berühmt bin?«

»Berühmt, mir muss was entgangen sein. Du bist ein Ostseepenner und arbeitest nicht. Deine Skripte veröffentlicht niemand. Zu schlecht und nur ich muss als Zuhörer herhalten. Ich sollte Schmerzensgeld erhalten von dir.«

»Du liegst daneben. Die Zeitungen haben es schon gebracht. Ich bin ein Schriftsteller mit einer sehr schmutzigen Fantasie und die lebe ich u.a. in der Figur Hans aus. Übrigens habe ich diese Woche tausende gemacht mit Kryptos.«

»Nein Hans bin ich (Daumen n.o. Emoji). Ich *vigge* noch real du nur in der Fantasie und im Netz. Du laberst die so voll, weil du nicht anders kannst. Habe dir ein Geschenk vom Urlaub mitgebracht und habe auch tausende gemacht. Ätsch.«

»Was für ein Geschenk? *Gummidosen* Bausatz?«

»Nein, kein Mist was Gescheites.«

»Gestern waren wir in Verona. Die Frauen von jung bis alt, abartig gut und geil gekleidet. Da bekam ich kurzfristig doch wieder gefallen an den Dingern.«
»Du nervst. Aber gut hast du Fotos.«

Anmerkung von Franz
Hans sendet paar Fotos. Wie so oft, schlechte Ausschnitte und unklar.

»Schöne Fotos, aber das ist doch das Kolosseum von Rom, sah ich schon in deinem Status? Und das hast du alles ungeimpft gemacht. Mutig. Bist du mit E-Scooter durch Rom? Übrigens ist das mit den Frauen bei mir so. Die spüren einfach, dass ich dauergeil bin und reich.«
»Echt ich kann es nicht mehr hören (kotz Emoji). Ewig deine gleichen *Weiber* Geschichten. Dagegen bin ich ein echter Abenteurer. Habe übrigens wirklich Kontakt jetzt zu 2 Nordkoreanerinnen. Wir sind alle Triumph-Mopeds gefahren (Daumen n.o. Emoji). Sind beides Köchinnen in so Street Food Läden. Aber das Ding steht auch in Verona, nur kleiner«

Anmerkung von Franz:
Hans schickte noch paar schlechte Fotos von seinem Motorrad und den Mädchen und By George.

»Ach mit Bike wart ihr echt, dachte das wäre Fake gewesen, das wird bald verboten. Nur noch Rad, wegen *Clima*. Echt coole Bilder. Toller Kirchturm vor Alpenpanorama. Sind das die Nordkoreanerinnen?«
»Ja. Ich bin ein Freibeuter. So kennt man Hans (Sonnenbrillen Emoji). Weltgewandter Dadaist[29]. Dogi coin geht auch mega. Bin da richtig dick im Plus. So paar tausend Prozent. Und es geht weiter durch die Decke. Die eine von den Köchinnen kommt aus der Stadt, wo NIO und BYD ihre Zentralen haben.«
»Megaaa du musst mir unbedingt erzählen, alles, brauche es als Stoff für Hans und zum reich werden.«
»Ja mach ich. By George, dem die Läden gehören, *pimpert* die eine mit der gelben Triumph glaube ich. Sind eigentlich lesbische Koreanerinnen. Aber echt mordsmäßig was in der Birne und coole Biker Ladys.«
»Kann nicht glauben, dass du mal was positives über das andere Geschlecht laberst (Daumen n.o. Emoji). Wer ist By George und du bist auch lesbisch, das sagte ich dir schon mehrfach. Du hättest sie auch *stanzen* sollen. Das gehört sich so unter Bikern. Auch den George. Unter Bikern ist Rudelbumsen nach

---

[29] Dadaismus wendet sich gg. künstlerische Ideale.

Lars von Trier[30] so normal, wie Arachibutyrophobie. Es ist das gleiche ob Honigtempel oder Schokoladenfabrik. Ich schwöre (Regenbogen Emoji).«
»Das wusste ich, dass das kommt. Bin ich nicht: *schwul*, bähhh. By George ist *andersrum* und macht hier eine Ausnahme, wobei es sein könnte, dass die die er knallt ein *Lady Boy* ist. Ich erkenne da was im Schritt. Also da wo eigentlich nichts sein soll im Lederoverall, da liegt was Rundes.«
«Geil. (Lach Emoji) Ich spreche aus Erfahrung. Und *Arsch* ist eh immer besser, weil enger. Der Ältere der da im karierten Leder Kombi steht und der größte ist, ist das By George der *Hinterlader*?«
»Ja er war auch mal bei der Bullerei, bildete Anja aus.«
»Sie war sein Streifenhörnchen und er ihr Bärenführer. Wie rührend (betende Hände Emoji.«
»Das Leben schreibt die besten Geschichten. Die immer geile Anja kriegte 'nen *warmen* Ausbilder, der eine *Transe* bzw. *Mischwesen* ist. Lol. Er hat ebenfalls was am Sender.«
»Was hat er für Sendeprobleme?«
»Bekommt vieles nicht geregelt und wütet manchmal gegen die Bürger aus heiterem Himmel, wie ein Blitz bei Sonnenschein den

---

[30] Lars von Trier ist ein dän. Filmregisseur.

Bauern auf dem Feld trifft. Eigentlich aber nur die *Frauen*. Er *hasst* sie.«
»Ich mag Leute mit Ticks und Prinzipien. Emotionen sind eine tolle Sache. Aber bei ihm scheint das eher eine Hassliebe zu sein. Wie so oft im Leben. Klar dass er dann die Frauen hasst (Daumen n.u. Emoji). So wie Ha... Vielleicht hasst er lesbische am allermeisten und will es ihnen so heimzahlen. Mit schlechtem Sex oder als verkappter Transvestit. Könnte bei allen *homeboys* so sein, also zumindest latent. Glaube ihr hattet alle viele Gemeinsamkeiten. Lol.«
»Meist sind die von der anderen Fakultät ja Frauenversteher und ja (Smile Emoji) war top.«
»Ja genau. Ich verstehe sie auch prima. (Regenbogen Emoji)«
»Weil du ihre Lustgärten bearbeiten willst. Warum machst du immer auf warmer Onkel? Du denkst das verkauft sich besser als Künstler und Süßer. Ist ein PR Trick.«
»Ja und Nein. Es ist ein Talent. Wie Eis schlecken, da bin ich top aber auf Nageln habe ich fast null Bock. Ist mir oft zu anstrengend. Will lieber *geflötet* und *gemulcht* werden. Und stehe auf *Schluckspechtinnen* und *Perlen übers Gesicht schießen*. Gefällt mir, wenn sie nichts mehr sehen und so zucken, als wäre es Gift.«
»Ja die Säure des Aliens. Das ist gut. Lol.«

»Also von *hinten* ist nicht mein Boarding (traurig Emoji). Am allerliebsten mag ich die *Lady Boys*. Da hast du nämlich alles. Feste *Nippel*, stramme Figuren und *enges Korsett*. Und die wissen, wie es geht.«
»Gibt's hier aber nicht. Kennst du nur von RTL oder so.«
»Ich schmeiß mich weg. Nein, gibt's. Wir sind doch Multi-Kulti. Schau mal bei der einen Köchin nach. Nur der *Liebesknochen* sollte nicht zu dick sein und rasiert. Keine grauen Haare am Sack, bitte (betende Hände Emoji).«
»Oke, ja, sicher sicher.«
»Volle Lippen und dirty talk noch. Fertig ist die Soße.«
»Ich würd mal wieder ein *Kätzchen* mit Haaren nehmen und sie verkleben.«
»Das ist unfair. Tierquälerei.«
»Nein, hinterlässt keine Schäden (schwör Emoji). Eine der Street Food Ladys hat auch Bitcoin und möchte Informationen von mir bezüglich weiterer Kryptos. Gebe sie ihr und bekomme dafür Asien Infos.«
»Oke. Win-Win. Asiaten sind oft Zocker.«
»Er nicht so. Der Tipp – Finger weg vom *Letzten-Coin* kam auch von ihm. Asiaten wenden sich ab davon.«
»Dieser Coin ist zu stark gelaufen. Bernie und *Friedfrich* sagen da läuft was im Hintergrund.

Warum glaubst du hat By George die Nordkoreanerinnen gebumst?«
»Glaube nur die oder den einen.«
»Ihr hattet die doch neu kennengelernt? Wie ging das so fast (Monokel Emoji)?«
»Bei *Warmen* geht das schneller. Direkter halt, aber die arbeiten ja auch für ihn.«
»Achso, jetzt verstehe ich alles. Mich überkommt eine Ahnung. Altes Geheimdienst Symptom. Vielleicht sind des Agenten? Sie wollten dir Dienstgeheimnisse entlocken?«
»Nein, redeten nur über Bitcoin und das Kochen und wie geil Deutschland ist.«
»Es ist gut, dass wir, äh du die jetzt kennst. Ich werde engeren Kontakt herstellen und dann, wenn die Nordkoreaner hier einfallen, werden die zwei uns beschützen und wir dienen uns der dortigen Macht Elite an. (Lach Emoji, betende Hände und Regenbogen)«
»Verd. Regenbogenscheiß. Ja klingt nach einem sauberen Übergang wie 1945. Es ist immer so. Maximal wird das Jackett getauscht. Geht gar nicht anders.«
»Die oben bleiben immer am Drücker. Spracht ihr koreanisch oder Mandarin?«
»Äh Chinesisch. By George, er war auch schon mal hinter der Mauer.«
»Das sind Agenten 100 Prozent, By George auch. Sehr wahrscheinlich bist du verwanzt. Alles dein Handy, dein Bike, deine Knöpfe, der Reisverschluss deiner Motorradjacke,

dein BIC, dein Tankrucksack, der Gasgriff und deine Kippenschachtel.«

»Bist du betrunken oder sind das die Fantasien eines erfolglosen Autors. Soll ich wieder V-Mann machen?«

»Ja unbedingt. Wir brauchen Infos. Hänge fett in Ethereum.«

»Kein Problem. Bin ja mittlerweile erfahrener Doppel-Agent. Bin auch drin und die zwei kaufen jeden Monat dazu (Nerd Emoji).«

»Du bist der einzige noch lebende Agent den ich kenne.«

»Ja, denn ich bin *unkaputtbar* und schussfest. Habe Drähte in viele Ecken der Welt.«

»Lol. Du bist top analog vernetzt und hast es gut. Fährst Motorrad und kümmerst dich nicht um Klimakrise und das Unheil anderer. Ich wäre gerne so wie du. Ein Eddy Constantine dem die *Frauenzimmer* hinterherrennen und der Stolper-Drähte überall liegen hat (Daumen n.o. Emoji).«

»Ja die Welt ist mein Spielfeld. Unheil anderer betrifft mich sehr wohl (traurig Emoji).«

»Du hast nichts gespendet und hilfst auch nicht aufräumen im Ahrtal, stattdessen flüchtest du ins Ausland und zerstreust dich.«

»Aber paar Tage in Verona können das nicht ändern. Spende noch dieses Wochenende. Konnte im Ausland nicht.«

»Ausreden. Den Leuten im Ahrtal geht es dreckig. Niemand hilf ihnen. Die Politiker lachen sie aus. Schicken die freiwilligen Helfer weg und breiten den Mantel des Schweigens darüber. Auch die Medien, wie immer nach dem großen Ah, dann das Oh und dann Sendepause (Reisverschlussmund Emoji).«
»Ich nicht. Würde helfen. Ich bin nur grade, also aktuell, etwas ausgelutscht wegen der *Evas.*«
»Ahhh dachte du machst nix mehr. Warst doch so abgetörnt. Du hast ja kein Interesse mehr an ihnen. Sie langweilen dich nur, mit ihrem immer gleichen Gehabe.«
»Ja. (Lach Emoji)«
»Meine Nachbarin hat gerade meinen Garten betreten. Dachte schon die will sich 'ne Bio-Gurke mopsen. Aber sie terrorisiert nur ihre Katze, die lieber bei mir abhängt. GEZ wurde erhöht, auch rückwirkend. Unglaublich was das kostet.«
» Die Gurken werden auch immer teurer und gerader. Da steckt ein Master Plan dahinter, die Medienlandschaft zu kontrollieren. Sie wollen die Informationshoheit behalten. Die ganzen Öffentlich-Rechtlichen Sender kann doch keiner mehr überblicken. Die Feuern auf allen Kanälen Propaganda wie eine Stalinorgel. Aber das wird ihnen nicht gelingen. Können auch noch hundert Euro

pro Monat verlangen, wenn's keiner mehr glotzt und stattdessen alle *Reitzmetzger* schauen, haben sie auch nichts gewonnen.«
»Dann kaufen sie den einfach ein. Jetzt kommt die Nachbarin schon wieder. Sie ist zwar schon sehr sehr alt und schon gefühlte dreißig Jahre Witwe, aber sie blickt mich immer so lüstern an, wenn ich im Garten worke und neulich durfte ich zu ihr rüber und sie brachte mir Vanille Eis mit heißen Himbeeren.«
»Vielleicht will sie sich aber auch an dich anpirschen. Das mit dem Propaganda TV habe ich mitbekommen. Die Influenzen auch in den sozialen Netzwerken. Wie ein Krake. Im Briefkasten sind schon wieder Mahnungen. Sie wollen zwangsvollstrecken.«
»Du musst stark bleiben. Wir sind eine Bananen Republik geworden. Jeder langt in die Kasse. Gibt sogar schon Foltervorwürfe von der UN an uns.«
»Ja, kümmert aber keinen. Wir sollten den Staat auch betrügen (Smile Emoji).«
»Selbst die Gewerkschaften sind ein Filz mit der SPD geworden (traurig Emoji).«
»Ja, die SPD macht auch Meinung über ihre eigenen Tageszeitungen.«
»Alles vom BVG durchgewunken. Parteien dürfen sich an Unternehmen beteiligen. (Unverständnis Emoji) Bald wird's noch

besser und wir bekommen das Sozialkreditkonto.«
»Es sieht düster aus für die Demokratie.«
»Ja, zum Heulen, selbst spazieren gehen kann gefährlich werden. Vielleicht habe ich echt schon eine Akte beim Chinesischen Geheimdienst?«
»Denke schon, denn solche Zufälle gibt es doch normal nicht.«
»Ich bin halt ein Wahnsinns Typ. Ich sage das nur dir, andere hielten mich für irre.«
»Ja irre. Du musst dringend auf den Zauberberg[31]. Zwei Jahre mindestens. Eher sieben (schwör Emoji).«
»Du also auch, dachte du bist ausgebuffter (Kuss Emoji). Ich packe jetzt mal weiter aus. Goodbye.«
»Bye, bye Süßer. (Regenbogen Emoji)«

[31] Der Zauberberg ist ein Buch von Thomas Mann über ein Sanatorium in den Bergen.

Literat

Heute: 17.08.2021

»Wenn du überredet, ermahnt, unter Druck gesetzt, belogen, durch Anreize gelockt, gezwungen, gemobbt, bloßgestellt, bestraft und kriminalisiert werden musst...
Wenn all dies als notwendig erachtet wird, um deine Zustimmung zu erlangen – kannst du sicher sein, dass das was angepriesen wird, nicht zu deinem Besten ist.«
»(Smile Emoji) Du Literat ich wusste es schon immer. Das ist großes Kino was du da abziehst Hans. Von dir?«
»Nö, Jimi Hendrix[32].«
»Habe das grade *gehuhnt*, der hat das nie gesagt. Das ist *Neon-Rechtes-Gedankengut.*«
»Was ist daran rechts? Der Spruch ist gut. Wurscht wer ihn erfand.«
»Gereizt? Es gibt Gruppen, die wollen die Demokratie abschaffen. Bist du gut drauf Hans?«
»Ja, geht so. Eigentlich drängen doch alle die Meinungsfreiheit in den Keller. Sitze deshalb seit heute Morgen in der Küche, quarze und kann mich zu nichts aufraffen.«

---

[32] Jimi Marshall Hendrix (1942-1970), war ein Sänger und einer der bedeutendsten Gitarristen.

»Klingt eher nach einer Depressiven Episode (traurig Emoji).«
»Kann sein.«
»Oke ich erzähle dir was über Gott. Ich versuche dich aufzuheitern.«
»Bitte nicht! (Kotz Emoji)«
»Moment. Der größte (nicht) Denker aller Zeiten Jiddu Krishnamurti meint Gott hat ein Chaos geschaffen und deswegen muss er sehr verwirrt und grausam sein.«
»Was soll bitte schön daran aufheiternd sein. (Fick dich Emoji) Aber nur so viel dazu, die Kirche hat in tausenden von Jahren in denen sie Frieden gepredigt hat, Millionen von Opfern hervorgebracht. Vielleicht waren die Hälfte der Kriege angebliche Religionskriege. Sie hat Frauen verbrannt und gelogen (wütend Emoji).«
»Was ist mit der anderen Hälfte der Kriege?«
»Schätze mal aus Liebe, wie bei Troja und Ideologien, Macht und Geld halt.«
»Die Kirchen sind auch vor dem Virus eingeknickt und verweigerten das letzte Sakrament und sperrten die Türen zu. Nicht alle, aber die Rebellen, wie Alfred Delp, kenne ich von deinem unveröffentlichten Text *Herzverlierer*, konnte man an einer Hand abzählen.«
»Du sagst es und es ging noch nicht mal um Leben oder Tod. Und *Herzlos* oder so wird

bald veröffentlicht. Ich habe einen Verlag gefunden.«
»Geilllliii…«
»(betenden Hände und Regenbogen Emoji) Die Heiligen machen einfach immer mit. Hier gibt es ja auch keine Trennung von Kirche und Staat. Ist streng genommen das Gleiche.«
»Interessiert auch keinen der Laizismus, aber die Säkularisation setzt sich immer mehr durch. Die Menschen glauben heute an FAANG[33] (schwör Emoji).«
»Der Staat und die Kirche gehen Hand in Hand. Noch nie in der Menschheitsgeschichte waren die Kirchen geschlossen. Gott würde nie vor einem Virus einknicken, gäbe es ihn (Daumen n.u. Emoji).«
»Das hat mich jetzt wieder nicht so aufgeheitert, eher noch runtergezogen (heul Emoji). Warum hilft die Kirche ihren Schäflein nicht und ist ein Fels in der Brandung.«
»Das ist eine gute Frage du *Fischhead*. Die Brandung ist wohl die Globalisierung, das Auseinandergehen von Arm und Reich und die sich verändernde Welt, Stichwort Digitalisierung.«
»Die Leute sind aber auch dumm. Echt wie Schafe auf dem Weg zur Schlachtbank. Dabei

---

33 Mit FAANG werden die Firmen Facebook, Amazon, Apple, Netflix und Google an der Börse bez.

könnten sie mitreden. Jeder kann jedes Amt innehaben, das war schon bei den alten Griechen so. Es brauchte keine besonderen Qualifikationen. Politik, Wirtschaft und Finanzen das sind keine wirklich schwierigen Themen, sie werden aber so dargestellt und dann vertrauen die armen Wähler darauf, dass ihre Delegierten das richtig machen (grins Emoji).«
»Lol. Aber die *fisten* die und wieder merken sie nix.«
»(Daumen nach oben Emoji) Genau, schon total ausgeleiert. Bei den Griechen gab es nur ein Amt, für das spezielle Kenntnisse abverlangt wurden. Das war das Amt des Militärstrategen. Es ging ihnen wohl darum, dass ohne Staatshoheit, die ganze schöne Demokratie nichts bringt.«
»Du meinst, wenn sie erobert worden wären?«
»Ja. Was ist mit Demokratie heute?«
»Was soll damit sein? Es gibt keine.«
»Das hier heißt aber nach Art. 20 demokratischer Bundestaat und so (Monokel Emoji).«
»Lol. DDR schimpfte sich auch Deutsche Demokratische Republik. Nur weil, das irgendwo steht, hat es nicht schon Bedeutung. Bei der UNO steht auch kein souveränes Land wird angegriffen.«

»Ist das das Gewaltverbot in der UNO Charta[34]?«
»(Daumen nach oben Emoji) Es verbietet fast alle Kriege der letzten Jahre, aber niemanden interessierts. Lol. Ist wie bei Star Wars, es geht um die Macht.«
»(Heul Emoji) Deshalb sitze ich hier in der Küche und bin melancholisch.«
»Das Leid der Welt zieht dich runter. Das aktuelle und die Vergangenheit. Verstehe. Wir können es nicht ändern, oder?«
»Keine Ahnung. Wir müssen es beobachten und es wird nicht besser.«
»Wir könnten Demo machen und aufklären und unsere Meinung sagen. Lass uns was tun, nicht immer nur jammern.«
»Ich tu schon was, ich spende und gegen Superreiche mit 300 Mrd. auf dem Konto, die sich ihre Tageszeitungen und Medienmacht zusammenkaufen, machen wir zwei mit unseren *läppischen* Alimenten nix (schlaf Emoji).«
»Klingt hoffnungslos. (traurig Emoji) Dann machen wir wenigstens Party, wie der Rest. Nur wir wissen, warum wir auf der Party sind (grins Emoji).«
»So machen es die meisten. Augen zu und durch, bis die Betonwand knallt. Das ist doch

---

34 UNO ist die Organisation für den Weltfrieden und fast die ganze Welt ist Mitglied.

nicht normal, dass sich die Parteien hier Tageszeitungen und so zusammenkaufen. Was werden die schon kritisches berichten.«
»Keiner pisst sich selbst ans Bein. Lol.«
»Alle wollen immer mehr. Tatsächlich bekommen sie weniger, aber das merkt die dumme Mittelschicht nicht. Sie hoffen und glauben, dass sie aufsteigen werden, aber die Schicht der Superreichen ist undurchlässig.«
»Nicht so ein Schweizer Käse wie die Ozonschicht (Regenbogen Emoji).«
»Nö. Und was mit der Klimaerwärmung passiert, eigentlich das Hauptproblem, denn ohne funktionierendes Klima geht nichts mehr, dann sind 7 Mrd. platt, kümmert nicht. Die einen blicken es nicht und die anderen fliegen dann zum Mond.«
»Du meinst viele schauen nur auf so einen kleinen Punkt mit Widerhaken, anstatt mal den Kopf hochzunehmen und über den Tellerrand zu blicken? Richtung Horizont (Segelschiff Emoji).«
»Ja am Horizont erkenne ich den Weltuntergang, einen großen Krieg und Hungersnöte und das Elend.«
»Glaubst du wir sind eine Menscheitsfamilie und es gibt nur ein Bewusstsein und das Leid der anderen ist immer auch mein Leid?«
»Weiß ich nicht. Möglich (Daumen n.o. Emoji). Sicher ist nur wir werden verarscht und das hier ist keine Demokratie, sondern

eher eine Diktatur geworden. Schau mal die ganzen Nazis nach dem verlorenen Krieg, die blieben doch in ihren Ämtern. Sie tauschten gerade die Kittel. Oben hat man paar Köpfe abrasiert Schauprozesse waren das (bestürzt Emoji).«
»Aber es musste auch weitergehen und ohne Verwaltung funktioniert so ein Land halt nicht. Hannah Ahrendt[35] hat versucht es zu erklären. Sie hatten keine Wahl (schwör Emoji).«
»Die Absichten waren andere. Das neue Deutschland sollte ein Bollwerk gegen die *Roten* sein. So einfach ist das.«
»Und das war doch nicht schlecht.«
»Lol. Naja immerhin klappte es bis jetzt.«
»Aber die Zeichen stehen auf Sturm. Der Mensch hat eine Idee vom Dasein, an dieser hält er, seit tausenden von Jahren fest und er produziert, damit nur immer mehr Leichen. Der Leichenberg wird immer höher und er wird damit nicht aufhören. (Traurig Emoji)«
»Du Arschgesicht ziehst mich immer mehr runter, gleich ballere ich mich weg. Schluck Wasser in Mund – Kopfschuss. Am besten wäre ein globaler Atomkrieg, bei dem wir uns alle bis auf den letzten Mann/ Frau/ Divers ausrotten.«

---

[35] Hannah Ahrendt (1906-1975), Publizistin, stand für *Denken ohne Geländer*.

»Klingt logisch, dann kann die Natur in Ruhe weitermachen. Vielleicht bräuchte es aber auch nur einen neuen Aufklärer?«
»Du bist so ein Anfänger. Es gibt so viele die das tun, aber es guckt eh keiner hin. Die wollen alle so weitermachen. Die Mehrheit passt sich immer der Macht an, deshalb endet es nicht (Angst Emoji).«
»Ha, jetzt habe ich dich. Es könnte also enden. Wir könnten eine bessere Welt haben? Was einen Anfang hat kann auch ein Ende haben. Die Welt ist endlich, deshalb kann der Kapitalismus nicht die Lösung sein. Obwohl wir hier eine soziale Marktwirtschaft sind, geht die Schere immer weiter auseinander. Geld wird genug verdient, es landet nur in den falschen Taschen. Wir müssen unser System neu erfinden. Was anderes muss her (Stern Emoji).«
»So eine Fischsoljanka. Lol. Jetzt muss ich lachen. Du bist wie ein Kind, das an den Mondmann glaubt.«
»(Daumen nach oben Emoji) Ich mach jetzt Schluss. Drücke den Roten.«

David gg. Goliath

Heute: 23.08.2021

»Taliban sind die besten Kämpfer, die ich kenne (Daumen n.o. Emoji).«
»Du bist aber keiner. Sorry, eher ein gottloser Konsument. Die Taliban sind Menschenschlächter und du findest die gut. Kämpfen doch nur gegen Wehrlose.«
»Immerhin, sie besiegten England, Russland und den Rest der westlichen Welt. Es sind deshalb die besten Kämpfer (schwör Emoji).«
»Sie warten, bis die Feinde gehen und quälen dann die Frauen. Das ist schwach. Sie besiegten niemanden. Sie warteten nur auf den Abzug.«
»No Hans. Der Feind ging ja nur, weil er besiegt und pleite war. Auch *Bin Shopping* hat jetzt gewonnen. USA sind bankrott, das war alles sehr clever geplant. Paar Billionen hat der sinnlose Fight dort gekostet und am Ende stehen die nun mit leeren Kassen da. Die Zeche zahlt der *Konsumentenaugust.*«
»Immerhin trinken sie am Hindukusch auch Coke (grins Emoji). Aber es könnte auch sein, dass sie *Bin Shopping* nur als Vorwand genommen hatten, um ihre Kriege zu führen. auch gegen das eigene Volk. Sie spähen es nun komplett aus.«

»Ich habe nichts zu verbergen, oder doch? Naja, jetzt hat er auf alle Fälle gewonnen. USA und EU haben zusammen so 1 Milliarde Einwohner und Afghanistan so 38 Millionen. Die Kräfteverhältnisse sind ja wohl klar. David gegen Goliath in extremo.«
»Sag ich doch, das sind die besten ultra-ultra-fighter ever. Aber die USA werden niemals bankrott sein, da sie ihre Schulden in Dollar machen und wir ihnen die abkaufen.«
»Liest du kein Handelsblatt? China hat die Schulden, aber sie nehmen keine neuen mehr und Russland hat schon komplett abgebaut. Bald können die so viel Dollars drucken, wie sie wollen, aber die liegen dann rum, wie die kaputten Flugzeugträger (Daumen n.u. Emoji). Dass China seine Häfen dicht macht ist Wirtschaftskriegspropaganda. Der Wirtschafts- und Cyberwar hat schon längst begonnen. Es gibt auch grade ein großes Militärmanöver. Sie drohen Amerika und Taiwan[36] offen. Als nächstes holen sie sich Taiwan. (schwör Emoji)«
»Ja nachdem sie gesehen haben, dass die anderen kapitulieren und überhaupt nix drauf haben. Die USA hätten mit dem Geld jeden Afghani kaufen können. Stattdessen

---

[36] Republik China (Taiwan), ist einer der demokratischsten Staaten der Welt.

haben sie es verschleudert. Soll dort jetzt Warlords geben die Milliardäre sind. Brüll.«
»Lol, die Amis sind so doof, warum die Bürger das Mitmachen? Wir sind ja auch doof, aber so blöd nicht oder doch? Wir waren auch dabei. (Heul Emoji) Aber der Dollar ist die Weltreserve Währung und USA werden es nicht zulassen, dass eine andere kommt. Und sie werden nie und nimmer einen Krieg mit Waffen führen, denn das ist von gestern.«
»Da wäre ich mir nicht so sicher. Drohnen schießen auch scharf und sind brutaler als Soldaten. Aber der Dollar ist raus. China macht sogar ein eigenes Goldfixing. Und der Krieg läuft ja schon im Hintergrund (Bombe Emoji).«
»Oke, kann sein, aber echte Bomben kommen nicht.«
»Viel schlimmer, *Gades* weiß es immer als erster. Biowaffen und Stellvertreter Kriege heißt das du Fischdödel. Im südchinesischen Meer kann es jederzeit knallen. Voll bewaffnet stehen die sich da gegenüber.«
»Das ist nur Randgeplänkel, bissel was zum Spielen, sozusagen.«
»Ich lach mit tot. Über 100.000 Tote nur in den USA, vielleicht wegen Laborunfall, schätzungsweise läuft aber schon was?«
»Die ganzen Zahlen sind doch nicht echt. Jeder sagt da was anderes und einen echten

Statistiker haben wir auch nicht in der Pressekonferenz, der das mal erklären könnte.«
»Fakt ist, es ist da. Fakt ist es gibt Tote (schwör und Totenkopf Emoji).«
»Ja und ja, aber die Schlüsse daraus hirnlos. Wenn die Politik ein Problem lösen will, dann hast du hinterher zwei neue. Das liegt daran, dass die Gehirne der Regierenden verklumpt sind. Ihr Geist ist nicht frisch. Deshalb klappt es nicht.«
»Was sollen sie denn um Himmels Willen tun. Nichts?«
»Nö, einfach mal was Vernünftiges.«
»Vorschläge bitte! Du *Fischhans*«
»Ende alle Kriege – Unseren Reichtum teilen – Diskussionen auf Augenhöhe – alle sind gleich und Friede und Liebe für alle (Regenbogen und betende Hände Emoji).«
»Und Sex hast du vergessen und seit wann machst du den Regenbogen? Deutschland ist der Puff Europas und der hat schneller wieder aufgemacht wie die Kirchen. Brüll.«
»Lol.«
»(Wahnsinns und Fassungslos Emoji)«

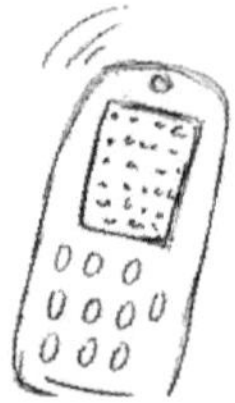

Gott liebt Hans

Heute: 23.08.2021

»Gott liebt dich Hans (betende Hände Emoji).«
»Warum sollte er das tun?«
»Er liebt alle Menschen und die Sünder ganz besonders.«
»Ich sündige nicht. (Monokel Emoji)«
»Doch, du lebst in wilder Ehe und bist ein Unhold.«
»Ja (Smile Emoji).«
»Er will, dass du heiratest. Endlich. (Lach Emoji)«
»Ohh, mir wird übel.«
»Zumindest solltest du Beziehung machen. (Daumen nach oben Emoji)«
»Du nervst. Frauen wollen immer was. Sie können Männer nicht einfach so akzeptieren wie sie sind. Am Anfang kommt immer das Liebesgesülze. Du bist so toll und wenn du an der Angel hängst, dann wollen sie dich irgendwann verändern.«
»Passt irgendwie nicht zusammen. Scheint dann keine echte Liebe zu sein.«
»Es ist geheuchelt. Erst biste top, dann flopp und sie wollen dich *Regime changen*. Ne nicht mehr mit mir. Wir tun nur das Nötigste zusammen.«

»6«
»Jawohl. 69«
»Brüll, aber du könntest es doch mit einer losen Beziehung versuchen. So wie freie Ehe oder *Minglen*?«
»Kenne keine mit der ich das wollte.«
»Bébé«
»Nö.«
»Doch! Depp (Daumen n.u. Emoji).«
»Is nix für mich.«
»Dann andere. Gibt Milliarden.«
»Überlege.«
»Marie. Die neue bei mir. ich kann sie gerne abtreten. So als Freundschaftsdienst.«
»Schon eher. Lol.«
»Gut. Ich frage sie. Sie raucht auch.«
»(Daumen nach oben Emoji) Aber ist keine *Wutz*?«
»Nein anständig – Blümchen Sex.«
»Geht dann auch nicht. (Daumen nach unten Emoji)«
»Mach einfach auf Platon. No Sex true love.«
»Vielleicht, hm.«
»Nur zusammen qualmen und Nordic Walking. Mehr nicht.«
»Ich schlafe drüber. Gn.«
»Gut. GN. (Regenbogen und Stern und Herz Emoji)«

Die Wahrheit schmerzt

Heute: 24.08.2021

»Maria ist sauer (Unverständnis Emoji).«
»Wegen dem neuen Buch?«
»Ja, glaube schon sie rückt nicht recht damit rüber. War vielleicht zu direkt. Viele leben in Täuschung, sonst wären sie enttäuscht über ihr Leben (Nerd Emoji).«
»Wenn du einen nach dem anderen verärgerst, würde ich mir mal Gedanken machen.«
»Die Wahrheit schmerzt. Das können viele nicht ertragen und dass mich die Frauen umkreisen wie die Motten das Licht. Und dass ich ein *Bodhisattwa*[37] bin. Und Pensionär. Da sind die meisten neidisch. Dabei ist das Rentner Dasein nur etwas für Hartgesottene.«
»Jaja, blabla... dein übliches Narrativ, Gähn. Springe gleich aus dem Fenster.«
»Fischkopp. Doch! Als Autor hat man es nie leicht. Gerade wenn du die Wahrheit schreibst, weil du sie kennst (verrückt Emoji) Viele wollen sich lieber blenden lassen. Was sie am meisten stört ist, dass ich keine

---

37 Nach Erleuchtung strebender Mensch.

schnelle Nummer will, sondern echte Liebe. Das macht sie gierig und wahnsinnig.«
»Ich glaube du bist im völlig falschen Film (Heiligenschein Emoji).«
»Brüllllll. Ich gab lediglich deine Worte wieder, also in Teilen. Was du als von dir gibst. Neulich wolltest du Beispiele haben, warum ich immer sage du bist irre.«
»Oke, aber das sind nicht meine Worte. Du bist gefrustet von allen und versuchst so auszuteilen. Und findest dich als Kämpfer für Frauenrechte und *Taliban* gut. Wer ist da jetzt mehr irre von uns zwei (Monokel Emoji).«
»Ich natürlich (Daumen n.o. Emoji), aber ich mache ja auch keinen Hehl daraus. Versuche nicht krampfhaft als normal zu gelten, wo alle Freunde und Bekannte es dir ins Gesicht sagen. Du bist wie ein Hund, wenn er aus dem Wasser kommt.«
»Nass? (Smile Emoji) Und du bist gespalten.«
»Es waren deine Worte 1:1, aber du hast recht bin gefrustet und kämpfe für Frauenrechte und geteilt bin ich auch. Ich geb's ja zu (Sonnenbrillen Emoji).«
»Und ich weiß das alles und darum bin ich dein Idol. Der große Hans, der alles im Griff hat.«
»Etwas kommt es hin (Daumen n.o. Emoji). Aber eigentlich schätze ich am meisten an dir den Wahnsinn und deine guten Ratschläge

bez. *Weiberkram*. Und ich glaube wirklich du hast dein Leben voll im Griff. Brüll.«
»Idiot. Mit dem Wahnsinn liegst du falsch. Bin extrem normal.«
»Oke, wenn es dir wichtig ist. Finde dich grade mega ultra normal und du bist top Police officer. (goldener Stern Emoji) The walk of fame ruft.«
»Danke. Ich habe grade eine Frau auf Freitag vertröstet. Werde sie dann am WE *knacken,* wie eine Auster. Sie fragte grade an. Aber heute habe ich keine Lust. Ich muss das paar Tage vorher wissen, um es zu planen.«
»Die Choreografie? Freitag gab es früher immer Fisch. Status 6 gleich.«

Anmerkung von Franz
Status 6 (FMS System bei der Schmiere) bedeutet, dass man eine gewisse Zeit nicht erreichbar ist oder 6 halt Lol.

»Ja sie lauscht meinen Worten und *reibt ihre Perle* dabei. Ich hörte es an den *schmatzenden* Geräuschen sage aber nie was dazu. Tue so als wäre nichts.«
»Du bist ein Gentleman und Samariter. Aber das hast du von mir gelernt. Cybersex ist top.«
»Lol. Da machst das du. Ich *wickse* nicht. Halte die Kanone aber immer feuerbereit.«

»Bitte. Gestern machte ich es live mit einer zusammen. Sie war total aus dem Häuschen. Heute will sie heiraten. Ich schwöre.«
»Ochhh ne, ist doch immer das gleiche. Lol. «
»Handy du Nerd.«
»Will sie wohl auch am PC heiraten?«
»Ja es wäre einfacher meinte sie. Sie kommt von weit her. Außerhalb Allemania.«
»Man braucht dann auch kein Kind (Smile Emoji).«
»Stimmt und Hausbau und so alles bei Sim-City oder Family Farm. Ist safer in jeder Hinsicht. Ich musste sie aber enttäuschen. Es gibt zu viele, ich sagte ihr sie muss mich ersteigern. Wie bei den Häusern grade. Das höchste Gebot sticht. Hier verkauft jetzt einer unter Naturschutz stehendes Moor.«
»Ich weiß, dass es das schon gibt.«
»Ich weiß. *Fischhansi.*«
»Lol. Ich werde auch versteigert bei Sotheby's.«
»Ja, lebende Kunst. Als NFT Model. Sie nennen es der deprimierte Fischkopp Hansi.«
»Aber nur unter *geilen* Millionärinnen ist geheim.«
»Gute Idee, denn gerade die brauchen es oft, wegen der Langeweile.«
»Ja werde dort angeboten als der teutonische Kämpfer.«
»Siehst du, geht schon wieder los. (Daumen nach unten Emoji) Du bist super Fighter.

Aber das schreibst nicht du, gelle? Brüll. Wie geht es dann weiter?«

»Was?«

»(offener Mund Emoji) Der Werbetext für dich, großer teutonische Kämpfer bei Sotheby's. Vielleicht so: Er kann es besonders lange mit seiner Zunge aus 40er Schmirgelpapier.«

»Nein Achtung: unbeherrschbare Kanone meldet ständige Feuerbereitschaft. Vergessen sie alles was sie bisher erfahren haben.«

»Brüll. Sie werden nichts spüren. Vertrauen sie mir, denn ich feuere nur alle hundert Jahre mal einige Saluts und bin vor dem Donner wieder verschwunden, denn ich habe Sex Phobie.«

»Da ist das bei dir praktisch genau umgekehrt wie bei mir.«

»Brüll. Stimmt ich bin ein Maschinengewehr, dass den ganzen Tag Dauerfeuer gibt, bis das *Rohr* glüht und die Ladys Stopp schreien (Regenbogen und Wassertropfen Emoji).«

»Am Handy, ja ja. Ich schmeiß mich weg.«

»Du wirst es nie begreifen, weil du es nicht fassen kannst.«

»Ist mir recht. Warum soll eigentlich das *Rentnern*, nur was für Hartgesottene sein?«

»Wegen der vielen freien Zeit. Da drehen die meisten dann durch. Ist dir noch nicht aufgefallen, dass Rentner ständig gestresst sind und nie Zeit haben und an den

Supermarktkassen in der Schlage, plötzlich anfangen zu brüllen und dir den Einkaufswagen in die Hacken drücken.«
»Doch stimmt. GN. Ich muss morgen arbeiten. Wieder fighten. Bin ja noch kein Rentner (traurig Emoji).«
»Zum Glück. Ist nicht für jeden was. GN (Kuss Emoji).«

Hans der Fighter

Heute: 24.08.2021

»Hallo? Muss dir Frage stellen. (Finger vor Mund Emoji)«
»Bearbeite grade die Köpfe. Gegen Propaganda.«
»Halte mich raus.«
»Red kein Scheiß, du Konterrevolutionär, du Seitenwechsler. Mach mal Pause. Bist du bereit es ist sehr sehr wichtig.«
»Ja.«
»Gut. Hier kommt die Frage.«
»Los!«
»Bist du ein Fighter Hans?«
»Ja.«
»Oke, Ich glaube das auch (Daumen n.o. Emoji).«
»Ultimativ und tödlich, wie eine Kobra.«
»Aber, wieso fightest du dann nicht. Habe noch nie gesehen, dass du für was kämpfst. Noch nicht mal wegen einer Frau (Monokel Emoji).«
»Die Gegner fliehen. Aus Angst. Bei Frauen lohnt es sich nicht. Gibt zu viele.«
»Oke. Trainierst du?«
»Ja. Nordic Walking. Einmal die Woche.«
»Gut. Noch Kampfsport? Messertraining oder so?«

»Mein Einzelkämpfertrainer ist abgetaucht.«
»Den kenne ich, der war ziemlich durch. So irre, dass sie ihn rausgeschmissen haben. Aber oke, dafür kannst du nichts. Schaust du Bruce Lee?«
»No.«
»Rambo (Smile Emoji)?«
»No. Lol.«
»Verdammt. Was dann? Was macht dich zum Einzelkämpfer mit Plauze (erstaunt Emoji)?«
»Schaue die Eberhofer Krimis und Praxis Dr. Hasenbein.«
»Aha. Noch nie gehört. Habe kein TV. Ich denke du machst dir was vor. Eine Projektion. Wie wenn ein Igel, denkt nur weil er mal in einer alten Burg war, er wäre uneinnehmbar. Du bist so viel Krieger, wie Pippi Langstrumpf cool. Die war nur frech und nervig. Du siehst was aus ihr geworden ist. Die hat sich das nämlich alles ausgedacht und eingebildet (traurig Emoji).«
»Ich habe das Veteranenkreuz der Bundeswehr.«
»(Daumen nach oben Emoji) Sie hat paar schlimme Wörter benutzt, deshalb ist sie raus. Unlesbar. Das mit dem Kreuz zeigt nur, dass sie dich zum Alteisen haben. Du bist Schrottplatz.«

Anmerkung von Franz
Gemeint ist u.a. Astrid Lindgren und die Rassismus Debatte um Pippi Langstrumpf.

»Kampferprobt (Faust Emoji).«
»Was für Kämpfe? Bei der Essensausgabe oder beim letzten Aufgebot? Erzähl mal was über deine angeblichen Gefechte. Bierbänke aufstellen und *Licherkette* machen zählt nicht.«
»Sehen und hören bei Nacht. Gefecht in der kleinen Kampftruppe. Zielansprache für Fortgeschrittene.«
»Schrott. Totaler Müll (Geist Emoji). Ist das von Counter Strike? Du hast nichts vorzuweisen. Noch nicht mal eine Prügelei. Die Bundeswehr ist so kaputt, die kann sich noch nicht mal selber in den A.... *.icken.*«
»Kicken wolltest du sagen. Häuserkampf hatte ich noch.«
»Das kann ich akzeptieren. Das ist gut.«
«Ich war dort als sie noch aus richtigen Männern bestand. Heute nur Weicheier (Regenbogen Emoji).«
»Damals gabs nur Eierschaukeln und Kriegsgräber putzen. Heute kämpfen die in Afghanistan. Echt. Die haben sogar scharfe Waffen (ängstlich Emoji). Keine Bürsten oder Schwämme.«

Anmerkung von Hans
Tatsächlich putzte Franz Kriegsgräber in der Hitze von Süd-Frankreich . Er war dort in La Valbone stationiert.

»Gehst du mit mir Gotcha machen und bringst mir alles bei? Vielleicht mache ich auch einen richtigen Fighter aus dir.«
»Wir spielten Federball mit scharfen Handgranaten.«
»Lol. Ja top. Bin dabei. Federball. Hast du wieder Drogen genommen. Lass das, wobei die Amerikaner geben ihren Soldaten auch so Zeugs, damit die mutiger werden.«
»Ich brauch das nicht. Ich bin todesmutig.«
»Der erste der zittert, bist du. (Daumen nach oben Emoji) Hast ja schon vor Frauen und Beziehung Schiss.«
»Hab kein Schiss davor, nur kein Bock drauf.«
»So eine scheiß, beschissene Ausrede (kotz Emoji).«
»Und kenne keine die ich begehre.«
»Du bist ein Gutmensch. Gute Nacht.«
»Jaja. Nachtigall ick hör dir trapsen.«
»Was hörst du? Wer kommt.«
»Der Sandmann. Gute Nacht, jetzt Märchenerzähler.«
»(Lach und Regenbogen Emoji)«

Klimaerwärmung

Heute: 17.11.2021

»Ich war spazieren mit Hatschepsut, meiner neuen Bekannten. Morgens hatte wir echten 6. Gg. 7 Uhr. Bin einfach im Pyjama rüber. Ein Nachbar sah mich und glotzte doof, aber ich ließ mich nicht abbringen (Sonnenbrillen Emoji).«
»War der dann auch dabei?«
»Arschloch. Ich war alleine unterwegs in der Mission Frauenherzen höherschlagen lassen.«
»Das ist sehr christlich von dir, aber schädlich fürs Klima.«
»Danke, aber was soll das mit dem Klima. Die Erderwärmung steigt, keinen Politiker interessiert das und die Bürger noch viel weniger.«
»Ja stimmt, die haben beim Klima noch viel weniger Bock, wie bei den Finanzen oder Lockdown. Alle taumeln betäubt ins Unglück. (Lach Emoji)«
»Genau, überlassen einfach alles den Delegierten. Brüll, als würde sich ein Schaf dem Metzger anvertrauen.«
»Wenn er vegan ist.«

»Du hast schon besser argumentiert Hansi. Vielleicht kommt die Erderwärmung auch davon, dass du die Frauen so hot machst.«
»Ja, das denke ich eigentlich schon sehr lange.«
»Du musst es verschweigen, sonst geht die *Mistkäfer Partei* dir an den Kragen.«
»Okay. Ich halte dicht. Du wusstest es ja auch nicht bis heute und bist nur zufällig draufgekommen. Ein blindes Huhn und ein Korn.«
»Ich ahnte es aber.«
»Logo. Du bist sehr weise. Ein Sokrates der Moderne.«
»(Daumen nach oben Emoji) Wie war echter Sex für dich?«
»Sehr gut. Bin noch ganz geflasht. Es war prickelnd. Eigentlich viel zu prickelnd. Nicht zum Aushalten. Ich glaube ich finde Cybersex besser. Nicht so viele Emotionen.«
»Freut mich für dich. Hast du das ABC *gebracht*?«
»Nein, wollte mir noch paar Trüffel aufheben.«
«Sehr ausgebufft, aber sie wird das von dir erwarten, weil du Schriftsteller bist (schwör Emoji). Sie wird es gelesen haben und möchte jetzt auch so behandelt werden (Daumen n.o. Emoji)«

»Ich erzähle Märchen. Aber Oke, ich werde es dann nur bis zum großen K machen. Werde es einteilen, sonst brennt die mir ab.«
»Ja.«
»Ich werde irgendwann mit meiner Zunge ganze Romane auf ihre *Südsee-Perle* schreiben.«
»Brüll! Die sind dann veröffentlicht. Du solltest NFT Kunst daraus machen.«
»Kein Bock. Ich will nur *schlecken* äh schreiben. Bis die Tinte leer ist. Ich schwöre es. Es werden keine Schnulzen sein. Nur hartgekochte Thriller á la Mickey Mouse.«
»Vielleicht muss ich auch mal wieder und komme dann zurück in die Welt der Liebe.«
»Du meinst Sex? Hast das gerade vertauscht.«
»Bestimmt.«
»Die Welt der Liebe steht jedem offen. Du musst nur den Pfad des Herzens gehen.«
»Ja gehe diesen Weg schon lange.«
»Brüll. Lol. Brüll. Nie noch nie. Du bist so witzig. Du bist ein Killer, ein Womenizer, ein Sniper der zweibeinigen Dosen (verrückt Emoji).«
»Ach so ja genau.«
»Hallo ich muss jetzt was essen. Die Liebe fordert ihren Tribut. Mein Körper ist ganz ausgemergelt.«
»Oke geht klar (Daumen n.o. Emoji).«

»Danach schaue ich fern. Ich fühle mich zu belesen und schlau. Muss mich verdummen, dann kommst du einfach besser zurecht.«
»SP«
»Status 6.«

Anmerkung von Hans
SP bedeutet Sendepause.

Wüstenplanet

Heute: 11.12.2021

»Es kommt Krieg. Die Deutschen haben sich mal wieder für *dumme größenwahnsinnige Krieger* als *Führer* entschieden. Für mich riecht es nach Napalm. Könnte aber auch an den illegalen Polenböllern hier liegen (Angst Emoji).«
»Dann werde ich meiner Bestimmung als Soldat nachgehen.«
»Nö, dich braucht keiner hier. Du wirst *in Polen* ranmüssen, wegen deiner ausländischen Wurzeln, aber das Schlimmste du bist zu weich (Regenbogen Emoji). Ein Babbler, kein Fighter und auch zu alt und schon zu *kaputt*. Kamikaze könntest du noch machen. Was hälst du davon?«
»Fuck you Franz!«
»Okay. Das kann ich gu t nachvollziehen. Alle wollen immer mich *ficken*. (Lach Emoji) Ich verstehe das und akzeptiere es (umarmendes Emoji).«
»Selbsternannter Womenizer. Kenne mehrere davon. Mich nervt das. Ist doch bei euch das gleiche wie in der Politik. Du bildest dir was ein und glaubst dann daran.«
»Verstehe. So was nennt man Neid. Du bist nur neidisch, dass *S-bahn* sich während der

großen Seuche eine Millionenvilla leisten konnte und dass ich so viele Chancen habe. Sie lieben mich halt. Es liegt in meinen Genen. Ich bin zu sehr Italiener (Sonnenbrillen Emoji).«
»Besonders an den Hirnwindungen. Kennst du das dünnste Buch der Welt?«
»Nö..., oder doch. *Gades* der Menschenfreund oder *Pezos* der Barmherzige St. Martin? «
» Depp du hast keine Ahnung. Italienische Heldensagen und bei dir kommt mir das genauso vor. Lol.«
»Nein du projizierst da was auf mich. Mein größtes Talent ist meine Hüfte. Ist wie bei Elvis.«
»Aha. Gähn... die alten Muster.«
»Vor und zurück aber magical like.«
»Solo auf deiner Couch in blauem Licht, deiner LED-Lichterkette mit Wackelkontakt.«
»Ach du bist sooo gemein. Ich habe doch auch Gefühle und Cybersex ist halt der beste. Auch wegen 2 oder 5G plus oder minus. Und es geht überall. Der Ort, das Land usw. spielen keine Rolle. Nirgendwo sind sie sicher vor mir.«
»Blabla. Franz´ Märchenstunde.«
»Ich *klicke* sie aus der Ferne, als Pantomime, besser als so mancher in echt. Sie schreien dann sogar immer ...«

»Ja, ich weiß auch sogar was. Sie schreien aufhören, bitte hör auf, es ist so laaangweilig (Grins Emoji).«
»Lol. Das auch, aber weil sie so fertig sind, so ausgepowert, so durchgenudelt. Sie können es einfach nicht mehr aushalten. Sie wollen den *Zaubersaft*. Sie brauchen ihn wie das Spice auf Arakis.«
»Hier wird auch bald Wüste sein. Medienwüste ist schon. Ich muss jetzt pennen. Morgen ist Beerdigung eines Kollegen. Er starb mit 55 Jahren im Dienst (traurig Emoji).«
»Wie ist er gestorben. Schusswechsel?«
»Nein, am Schreibtisch eingeschlafen und nimmer aufgewacht. Er soll angeblich gerade Weich & Unfair angesehen haben.«
»Ah.., die Satire Show. Verstehe, sowas kann dich umbringen, wenn du HSP'ler[38] bist. Zum Glück gibt's immer mehr unabhängigen Journalismus in Deutschland. Gute Nacht!«
»Ja, dir auch. Die Wahrheit kann man nicht auf Dauer deckeln. Ich berichte Morgen. Live von den Auflagen bei der Beerdigung.«
»Oke, danke. Schrecklich überall Einschränkungen. (betende Hände Emoji)«
»Auch beim letzten Gang (traurig Emoji).

[38] High-Sensitive-Person.

Wahre Liebe

Heute: 13.12.2021

»Hier schau mal das Foto hatte Anja in ihrem Status. Sie küsst gerade ihren neuen Lover, mitten in der Natur. Das ist wahre Liebe, mein lieber Hansi (Daumen n.o. Emoji).«
»Der ist aber auch keine Schönheit.«
»(Lach Emoji) Du bist gemein. Was ist mit inneren Werten. Gerade in unserem Alter wird die innere Schönheit immer wichtiger. Wer weiß also was da ist? Vielleicht ist er auch vom Leben gezeichnet oder die letzte Partnerin hat ihn verprügelt. Frauen können übel zupacken. Die hauen auch drauf, wenn's muss. Denk doch mal an meine Ex. Die mir immer die schweren Glasaschenbecher nachgeworfen hatte oder trat. Große Doc Martens trug die noch und hat mir damit in die Weichteile gekickt. Das war *geil* gemein.«
»Ja kann schon sein. Du bist pervers. Ihr Typ ist ein ehemaliger Gangsterboss.«
»Ach der Arme. Schätzungsweise wurde er schon geknebelt und im Keller wie bei Pulp Fiction *anal* verstümmelt. Da hat er es bei Anja jetzt mal gut erwischt (Daumen n.o. Emoji).«

»Schon klar. Die war schon mind. Zweimal anderweitig aktiv. Sogenanntes *Blitzboomstern.*«
»Das stört den Typen nicht. Er ist härteres gewöhnt und Anja kommt immer wieder zurück, das ist am wichtigsten. Wahre Liebe lässt frei.«
»(Lach Emoji) Kann sein. Er hat heute Cevapcici mit Djuvec gemacht.«
»Was ist Djuvec Hans? Klingt nicht gut.«
»Reis mit Tomatensoße und grünen Erbsen. Sehr *feu*. Ich habe es gefuttert, denn es war zu viel für Anja. Sie gab mir ab.«
»Das war sehr nett von dir. Wars *leckar*!«
»Ich weiß und ja er kocht sehr gut.«
»Gabs auch Soße dazu?«
»Bratensoße und Bohnen.«
»Komische Kombi. Muss daran liegen, dass er Verbrecher war, also das mit den Bohnen. Wahrscheinlich war die Soße mit *Butter* von ihm und *Saft* von ihr, deshalb hat's dir so geschmeckt. Du bist ein Kannibale.«
»Da kommt doch nix mehr bei denen. Sind beide in den Wechseljahren. Ist wie in einer Wüste. Heiß und trocken. Das Einzige was fliegt ist Staub.«
»Brüll. Der Lauf der Zeit würde Proust[39] sagen. Wie kam Anja an den Kater Karlo. Ich

---

[39] Marcel Proust (1871-1922), Schriftsteller und Sozialkritiker.

will auch eine Bonnie haben (Monokel Emoji).«
»*Finder*, wie immer halt.«
»Sie hat es total drauf (Daumen n.o. Emoji). Ich beneide sie. Sie spüren jetzt die Liebe. Dafür hat Gott die Menschen erschaffen, dass sie Zweisamkeit leben und aushalten (viele Herzen Emoji).«
»Bei mir nicht. (Daumen nach unten Emoji) Ja, aber Gelhart hat's noch mehr drauf. Macht nix und ist mega begehrt.«
»Gelhart schwindelt. Er leidet unter einem Wahn. Bildet sich das alles immer bloß ein. Nur seine Bienen umkreisen ihn.«
»Achso. Aber er glaubt es wirklich.«
»Viele glauben auch an die *große Krankheit* oder an die Barmherzigkeit von Mutti *Mergel*. Aber beides hat nie existiert. *Mergel* war nur ein Hologramm von Außerirdischen, dass Millionen von unschuldigen Opfern produzierte oder kennst du ihren Mann? Und *Kovid* ist in Wirklichkeit ein *Bio-Hasard*.«
»Oke. (überkreuzte Arme Emoji) Hast du wieder gesoffen? *Mergel* hat sogar Familie. Brüll. Und Korona ist Korona ist Korona. (Daumen n.o. Emoji) Gelhart wurde heute geboostert.«
»Somit hat er viel zu bieten. Das muss man ihm lassen. Jetzt kann er *Booster Saft* anbieten. Das wirkt bestimmt (schwör Emoji).«

»Ja stimmt. Vielleicht sollte ich mich doch endlich Blitzboostern lassen, wegen der Damenwelt. Schalte dann eine Anzeige: Blitzgeboosterter bietet *Blitzboomstern* an (Sonnenbrillen Emoji). Kostenlos und unverbindlich auch online.«
»Unbedingt. Lol. Ich bin da als Ungeimpfter mega vorsichtig. Will immer zuerst den gelben Impfausweis sehen. Also beim 6 mit Geimpften bin ich extrem streng als Veganer. Sage da oft nein oder G1.«
»Verstehe. Lässt du digitalen Impfpass gelten.«
»Nein, sind mir zu unsicher. Werden viel zu oft gefälscht oder sind geklaut. Mitsamt dem Handy.«
»Du bist total irre. Viel verrückter als dieser *Obermufti* von der *Kharité*.«
»*Kaddafis* Sohn?«
»Ja genau. Die Familie lebt hier unter uns, denke ich. Und Gelhart ist am schlausten. Er hat jetzt auch eine Gruppe gegründet, nämlich die *Geboosterten-Fucker*.«
»Echt?«
»Ja (Daumen n.o. Emoji).«
»Brüll. Mein Respekt. Denke das schlägt ein wie Ostern Kirche zu sperren (traurig Emoji). Ich muss jetzt Schluss machen. Online-Seminar. (Zwinker Emoji)«
»Gut. Klopp rein. Lol.«

Zum Glück sind die Ausländer da

Heute: 21.12.2021

»Siehst du die vielen Demos im Land?«
»Ja und man sieht die Polizei hat nicht genug Leute um die alle festzunehmen. Wenn's nicht abebbt haben sie verloren (rollende Augen Emoji).«
»Befürchte aber Einschleusung von *Antipha*, dann gibt's richtig Randale.«
»So wird's kommen. Wer spaltet, um Konflikte zu schaffen, wird früher oder später Gewalt ernten. Zusammenhalten wäre besser, aber das ist *undeutsch* und *unmännlich.*«
»Ja, der Mann ist ein Krieger Typ, wie Jung schon erkannte und grade der Deutsche ist viel zu verweichlicht (Regenbogen Emoji).«
»Stimmt zum Glück haben wir die Ausländer. Viele kommen aus Kriegsgebieten, die kennen sich aus (betende Hände Emoji).«
»Die sind schussfest. *Heiliges Gekloppe* oder *Indievata*. Denke die meisten Deutschen rennen dann hinter die Glotze, verstecken sich hinter Bohlen und Goschen asozial.«
»Mit tausend Marines könntest du dieses Land einnehmen. Hier hat keiner mehr Ü-

Eier in der Hose, schon gar nicht die Männerwelt.«

»Kaputtgespühlt im Schonwaschgang der Emanzipation und des Penisneides (Grins Emoji).«

»Du bist mal wieder null informiert du Fischmehl. Hans blökt Stammtisch Parolen. Penisneid von Freud wurde schon lange widerlegt und der Rest ist auch hohl wie ein Schoko Osterhase, so da hast du das vegane Steak.«

»Oke, dann wird die Revolution vielleicht diesmal von den Frauen angetrieben oder *Modern Talking* treibt die Gegner mit ihrer Musik in den Wahnsinn. Glaube die neue *Cannabis Connexion* wird nicht zu halten sein.«

»Ich weiß nicht, aber bin schon ziemlich enttäuscht von ihr. Gerade die FDP fällt um wie ein Schilfrohr bei Windstille.«

»Das Problem, deswegen gehen so viele nicht mehr wählen. Es ändert sich nichts. Die Wahlversprechen werden gebrochen. Sie dienten auch nur dazu die Stimmen einzufangen. Es geht nur um Macht und Geld und Sex.«

»(Lach Emoji) Ja diese *Wickser*.«

»*Wiksen* macht dumm? (Regenbogen Emoji) Wusstet du das nicht, deshalb diese Schrott Maßnahmen.«

»Stimmt nicht, denn ich habe schon tausendmal *gewigst.*«
»Du bist der Wixer und ich finde der Beweis ist erbracht. Lol. Dein Hirn ist schon komplett in kleinen Spritzern raus. Bist selbst schuld. *Sperma* ist aufgelöste Hirnsubstanz. Es geht über das Rückenmark direkt in den *Lümmel.*«
»War mir neu. Mist.«
»Du hast nur noch Rumpfdenken. Atmen, fressen und 6.«

Anmerkung von Franz
Pause Hans tippt nix mehr back.
Schätzungsweise ist er geschockt.

»Jetzt bist du wieder platt oder eingeschlafen. Du bist so ein Penner. Echt! Nur weil du die Wahrheit nicht erträgst, machst du jetzt auf *Schweigemarsch.*«
»Du bist ein Arsch mit Ohren. (Fick dich Emoji) War eingepennt.«
»Ha wieder aufgewacht nur das zählt. (Daumen nach oben Emoji) Ich sag dir noch was. Ich habe schon 3000-mal den *Zaubergarten gespritzt*, aber mein Hirn ist auch viel größer und ich kann mind. nochmal so viel Hirnmasse verflüssigen und trotzdem ist noch was übrig. Ich schwöre es dir, bei der Tatsache, dass ich noch Jungfrau bin.«

»Ich bin ein großer Denker, egal was du sagst und du bist Sternzeichen Jungfrau, das ist alles. Aber mit deinem ständigen Cybersex bist du nur digital entjungfert. *Pimper* dich ins Knie!«
»Danke, das probiere ich schon seit meiner Jugend, hat aber noch nie richtig funktioniert. Bei 'ner Freundin habe ich es mal geschafft. War aber die Kniekehle. Zählt das auch?«
»Jo.«
»(Betende Hände Emoji) Denke ohne Gehirnmasse, ist wie Autofahren ohne Benzinmotor oder ...«
»Radeln ohne Rad?«
»Der große Denker hat gesprochen. Als wäre jeder Deutsche automatisch ein großer Nachdenker und jeder Grieche ein Philosoph. Das war alles mal, wie bei Grimms Märchen. Was denkst du großer Denker denn überhaupt Großes (Monokel Emoji)?«
»Meist denke ich über das Universum nach.«
»Aha, kleiner geht nicht. Aber Universum finde ich gut, hier gibt es noch unentdeckte Welten, echte Abenteuer. Was denkst du eigentlich geht ab im Universum?«
»Ist zu viel zum Schreiben.«
»Ein kleiner Beweis, deiner großen Denkkunst bitte, sei gnädig. Ein Hinweis reicht mir schon.«

»Oke. Es ist sehr kalt größtenteils, hat aber auch richtig heiße Stellen.«
»Wie bei einer Frau, wolltest du sagen (Zwinker Emoji). Du vergleichst das Universum mit dem Körper einer Frau. Das ist genial. Ich bin überzeugt und das hast du ohne Hirn geschafft, das ist der Beweis.«
»Welcher Beweis?«
»Lol. Der Mensch denkt zu viel. Das Denken ist für alles Elend schuld, auch die Wollust und den ganzen Rest. Die denken immer nur wie was besser wird, aber am Ende, wird nichts besser. Der Beweis jede Welle war schlimmer, wie die davor (Daumen n.u. Emoji).«
»Stimmt. Das denke ich auch immer. Hoffentlich machen die nicht noch *Tsunami-Husten.*«
»Das fasziniert mich. Hier könnte die Lösung für alle Probleme der Menschheit liege.«
»Im Körper einer Frau?«
»Ja auch und im Universum. Es kann nämlich nicht gedacht werden. Ist total unverständlich, unlogisch.«
»Aber es gibt Probleme die muss man irdisch lösen.«
»Klingt nach spirituellem Geschwätz. War wohl doch nicht so viel los mit deiner Denkerei. Eher Ü-Ei Niveau (Daumen n.u. Emoji).«
»(Stinkefinger Emoji)«

»Ich will lieber zum Mond oder Mars. Auf dem Mars ist es wüst und leer. Er ist damit prädestiniert um als reiner Männerplanet zu dienen.«
»Oke die Frauen bleiben auf der Erde, pflanzen da ihre Blumen und die Männer juckeln auf dem Mars rum, im Rover, aber ohne Gemüse.«
»Logo, nix Gemüse. Es gibt nur Fleisch nichts anderes, in der Hoffnung, dass die Gehirnmasse nachproduziert wird.«
»Brüll. Vielleicht sollten wir Schweinegehirne züchten (Smile Emoji).«
»Besser Delphine, soll dort irgendwo Wasser geben, denn die sind schlauer.«
»So ich muss jetzt los, muss wieder irgendwo Licht anmachen.«
»Alles klar. Du bist wie Jesus. Erleuchtest die Menschheit Tschüss! (Regenbogen und Sonnen Emoji)«

Atypisches Verhalten

Heute: 28.12.2021

»Meine neue Freundin hat mich schon durchschaut (ängstliches Emoji). Es wird eng.«
»Dass du ein *endgeiler Bock* bist? (Smile Emoji)«
»Nein, dass bei mir nichts zu holen ist. Die wohnt gerade im Nachbarort. Wenn ich als mal kurz zu ihr gehe, dann gehe ich jeden Abend wieder zurück. Ich schaffe es nicht bei jemand Fremden zu pennen. Sie ist ja nicht wirklich fremd, aber es geht trotzdem nicht und CS reicht mir total. Gerade auch seit unserem philosophischen Gespräch über Geschlechtsteile und ihr Aussehen. Bin jetzt ganz abgetörnt (Mundwinkel nach unten Emoji).«
»Lol. Verstehe was du meinst Franzi, das ist wie mit Austern. Kaum einer mag die und die die sie essen, tun das nur wie im *Dunkelkamp*, weil sie sich erhoffen, es knallt dann besser.«
»Ja, glaube du hast recht. Ich aß noch nie eine Auster. Gestern sah ich einen deutschen Film auf Arte. *Meine schöne Bescherung*, hieß der. Da rennen paar Männer, so in unserem Alter, minus 10 Jahre, raus in den Schnee

und du siehst alles. Alle haben *Hecke* unten und es sieht erbärmlich aus, wie tote Regenwürmer im Schlamm nach Starkregen. Und jetzt denk nach, wir sind noch einiges älter und es wird nicht mehr besser.«
»Es ist so unästhetisch und bei den Frauen, sieht es aus wie in dem Streifen *Kettensägen Massaker* oder in der Fleischtheke. Dich als Veganer, trifft das doppelt (Zwinker Emoji).«
»Mannn, (Stinkefinger Emoji). Das bringt mich jetzt auch nicht weiter. Ich will nicht mehr. (Kotz Emoji) Suizid, wegen hässlicher Genitalien. Wenn's doch schon so eine schlechte Architektur ist, von Natur aus, warum machen die dann auch noch immer Stress dazu?«
»Ich weiß. Deeskalation wäre angesagt Zusammenhalten. Die Lage ist beschissen genug. (Daumen nach oben Emoji)«
»Erst versprechen sie Toleranz und erklären, wie toll *Mann* ist, machen Komplimente am Fließband. Verlieben sich zweimal. Einmal in dich, etwas später nochmal in deine *Liebessäule* (Rosen Emoji). Dann wollen sie immer mehr und es kommt der *Penisneid* auf und der Stress geht los. Ich schwöre, bei meinen 30cm, dass es so ist.«
»So ist es. Lass die Finger einfach weg. Du hast sowieso keine 30cm. Noch nicht mal 20. Lol Angeber.«

»Doch, die Dinger sind relativ zu betrachten, wie die Zeit, bei Einstein[40] oder Dali[41].«
»Einstein hatte sich geirrt bei den *schwarzen Löchern*. Dali wusste da schon besser Bescheid. Er liebte die Frauen. Der *Phallus* und seine Arbeit ist wie, wie ein Kunstobjekt meinst du das? Kann klein sein, hat aber Ausstrahlung meilenweit.«
»Lol. Genau. Wie bei den Politikern. Kleine Geister, die sich aber anmaßen große Dinge aus dem Bauch heraus zu entscheiden.«
»Du hast es durchschaut.«
»Yearrr. Dann versuchen sie dich zu korrumpieren und wenn du treu doof bist, wars das. Dann hast du dir deinen eigenen Osho geschaffen, der dich kommandiert, dir die Taschen leert und erklärt, das wäre Meditation und echte Lebenskunst.«
»Sie kaufen sich dann Rolls-Royce von deiner Kohle und du sollst weiter Wasser trinken. (Traurig Emoji)«
»Es ist zum verrückt werden, aber die Natur hat uns Männer total schwach gemacht. Wir wirken stark, aber wir haben das *schwächste Glied* und sind viel zu gutmütig.«
»*Schwanzgesteuert* und doof (Daumen n.o. Emoji).«

---

[40] Albert Einstein (1879-1955), Physiker und großer Theoretiker.
[41] Salvador Dali (1904-1989), Künstler des Surrealismus.

»Ja wie beim Skorpion. Er muss auch stechen. Kennst du die Tierfabel mit dem Frosch und dem Skorpion? Und wenig potent. Können nur einmal die Kanone abfeuern. Dann SP.«
»Status 6. Lol. Ja kenne die Fabel (Daumen n.o. Emoji). Darum gibt es auf den Straßen auch zu viel Kriminalität, äh zu viel Sex, meinte ich. Deshalb musst du vorsorgen. Du solltest alle Brücken abreisen. Nur noch *noggern* (betende Hände Emoji).«
»Denkst du echt?«
»Ja.«
»Sie hatte aber so gut geflötet.«
»Übe Verzicht, wie die Popen.«
»Das sind *Scheinheilige*. Manche Lügen. Sie wissen warum (Smile Emoji). Sie war so gut. Weißt du viele können nicht gut spielen. Die meisten beherrschen gar kein Instrument. Viele nehmen das *Blasen* zu wörtlich. Es ist keine Geburtstagstorte. Es ist eher ein *Saugen* und *Schmatzen*.«
»Wie früher im Mittelalter oder bei einer Tauchpumpe oder vielleicht auch beim Ameisenbären. Ein übles Festmahl, mit rauen Sitten.»
»Genau. Wie bei einem Staubsauger. Je mehr Watt, desto mehr Saugleistung kommt vorne an (schwör Emoji).«
»Du musst das alles vergessen.

»Wird mir schwerfallen, aber ich versuche es.«
»Top Mann!«
»Werde mich mit *Dosenpornos* ablenken und geile Geschichten schreiben.«
»Yeah. Das ist auch nachhaltiger, denn die sind schon produziert.«
»In meinen Storys bin ich dann der große *Begatter*, den nichts so schnell umhaut und mega potent.«
»Gute Idee. Du bist Schriftsteller. Erfindest einfach deine eigene Lustinsel (Daumen n.o. Emoji). Das wird ein Bestseller. Du erklärst mal, was Männer wirklich wollen, nämlich *rammeln*, nur hoppeln ohne Liebe.«
»Ich werde zum Mozart der Moderne. Alle begehren mich, weil ich ein großer Virtuose bin. Ein Meister mit Strahler Sammlung.

Anmerkung von Hans
Gemeint sind die Strahler die Franz, unterwegs immer findet. Mittlerweile besitzt er wohl eine der bedeutendsten Strahlersammlungen.

»Ja. Du musst aber standhaft der Verlockung widerstehen.«
»Ich sage einfach bin ungeimpft und die *Eichel* juckt, wie wenn ich *Kavaliersschnupfen* hätte.«

»Das könnte klappen. Ich bekam übrigens auch frohe Weihnachtsbotschaften von *willigen* Damen und antwortete nicht. Aus vorbei.«
»Ach, das ist doch unhöflich (Daumen n.u. Emoji). Hättest wenigstens sagen können, wünsche dir, dass der Weihnachtsmann mit großem *vollem Sack* und *harter Rute* vorbeischaut.«
»Schon, aber dann folgt Blabla und dann wird wieder *geschnackselt*. Sie lullen dich ein, bis du nicht mehr kannst. Sie sind *Hexen*.«
»Ah, oke, dachte die Männer wären das gewesen mit der Laberei und der Angeberei und die Damen, sagen dann. halt irgendwann oke ich lass ihn ran, dann ist wenigsten Ruhe, bevor ich Ohrenkrebs kriege.«
»Nee. Die Natur hat es zwar so vorgesehen, aber wir haben doch noch unseren Verstand.«
»Du bist zu streng. Glaube insgeheim sehnst du dich nach Liebe und Zweisamkeit (Herz Emoji).«
»Psychogeplapper. Mir wird übel.«
»Wissenschaft: Wesen des Menschen. Sagte sogar schon Fromm[42].«
»Es gibt seltene Exemplare da draußen. Sogenannte harte Typen, deren verhalten atypisch ist.«

---

42 Erich Fromm (1900-1980), Philosoph, Sozialpsychologe, Psychoanalytiker.

»Oke. Heiratsschwindler und Womenizer und ich rate, du gehörst dazu.«
»Ja. Und gerade diese lösen großes Verlangen bei den Weibchen aus, denn nur das Unerreichbare reizt sehr.«
»Wie in NY, während der Prohibition oder das Enthaltsamkeitsgelübde.«
»Yeahr.«
»Aber bringt dir ja dann nix. Oder willst du sie quälen. Bist du ein Sadist, wie unsere Oberen und der Marquis de Sade. (Lach Emoji)«
»Nein, aber ich gelte erstens als unerreichbar und zweitens als Mann mit top Body.«
»Du bist 55 wie soll das sein. Niemand Ü 50 sieht noch gut aus. Früher hätten sie einem verbrannt, wegen solcher Ansichten. Glaubte gerade Gelhart schreibt. Er hätte dein Handy gemopst«
»Ihm fehlt der Body und nein könnte er auch nicht sagen.«
»Oke das ist mir jetzt zu viel. Du willst nicht. Rätst mir zum Brücken abreisen und *Handshuffel*, um dann selbst alle abzugreifen oder was und sie *spitz* zu machen (Unverständnis Emoji).«
»Nein wir lassen sie zusammen im leeren Raum.«
»In den Weltraum? Sie müssen in den Weltraum. Auf den Mond alle. Jetzt wird mir

das klar. Und nur bei Bedarf kommt eine mit Musk's Rakete back zur Erde.«
»Year, aber nur zum *rapunzeln.*«
»Lol. Oder für Cybersex.«
»Ich werde einen *Dildo* bauen lassen mit meinem Gesicht als Kopf drauf (Sonnenbrille Emoji).«
»Lol. Klingt total sinnlos, wie die Bekämpfung von Massenerkrankungen mit alternativlosen Mitteln. Muss aber so sein (Daumen n.o. Emoji). Ist Gesetz, wenn der Guru es sagt. Denn die virtuellen Brillen übertragen nicht bis zum Mond. Das mit deiner *Dildorakete* ist sehr weise. Wie ein Diktator der überall sein Konterfei aufstellt (Sonnenbrille Emoji).«
»Ja Propaganda oder nennen wir es einseitige Werbung.«
»Hammer! Ich muss jetzt was essen, damit wieder Tinte in den *Füller* kommt.«
»Guten.«
»Donk.«
»Ich glaube unsere Konversation wäre ein Bestseller.«
»Ich glaube wir würden nur Shitstorm bekommen (Daumen n.u. Emoji).«
»Die Wahrheit ist unbequem, das wusste schon Martin Luther King.«
»Kennen wir die Wahrheit?«
»Jaaaaaaaaaaaa (lachende Katze Emoji).«

»Brülll (Regenbogen und betende Hände Emoji).«

Traumfrau

Heute: 13.01.2022

»Moin Moin Hans.«
»Guten Morgen. Was willst du?«
»Unser System befindet sich in den letzten Zügen (schwör Emoji).«
»Na und. Mir egal. Ich mache mir jetzt Kaffee und quarze eine und lass Gott eine gute Frau sein. (Lach Emoji)«
»Das ist schlau. Was ist jetzt mit der Marie? Sie wartet auf dich.«
»Nö ich will lieber doch nicht. Habe Muffensausen.«
»Gut das ist normal, aber *scharf* wärst du schon auf Sie? Sie sieht doch aus wie ein Model vom Gesicht. Mir wäre sie zu proper, aber du stehst da ja drauf und deine Ansprüche sind auch eher rudimentärer Natur, wie bei den Geiern (Smile Emoji).«
»Ja, bin ein *Aasfresser.*«
»Du Wildschwein. Du Naturjäger. Du Pony. Du willst nur die *Weibchen* verrückt machen mit deiner *Fleischpeitsche* (Daumen n.o. Emoji).«
»Ja. Brüll.«
»Ich wusste es. Typisch Mann. Viel Muskeln, keine romantischen Gefühle. (Lach Emoji)«

»Es ist meine Berufung. (Daumen nach oben Emoji)«
»Du bist lüsterner Unhold in Uniform.«
»Lol. Du hast mich durchschaut.«
»Dein Schlagstock ist schwarz, glatt, hart, manchmal brutal und hat drei Enden dran (sog. Tonfa). Du kannst gleichzeitig alle *Öffnungen* bearbeiten.«
»Ja so wollen es die *devoten Luder*. Erst die Demonstranten damit verprügeln und dann die Löcher auf dem *homeplace* bearbeiten.«
»Ich hatte meine Handschließen früher auch mehr privat eingesetzt wie dienstlich. Aber vorher immer schön desinfiziert.«
»Genau. Muss so langsam pennen gehen. Sollte fit sein, wenn mir morgen eine an die Wäsche geht.«
»Nimm aber die Maske unterm Kinn ab, das wird sie sonst verschrecken und abschrecken. Sieht aus wie nach einer Zahn OP.«
»Damit verhindere ich zu ertrinken im vielen *Eufz*.«
»Sehr schlau, schon so mancher ist beim Schlabbern jämmerlich ertrunken, wie ein Schiffbrüchiger am Riff.«
»Bin gefährdet durch *Eufz* Welle, weil ich sie so *rallig* mache.«
»Genau. Du bist beim *Zuzeln* in Gottes Hand.«
»Seit du mir das mit den Buchstaben erklärt hast, *mache* ich nur noch das ABC. Will aber

bald mal die Glocke von Schiller[43] *schlecken.* Muss ich aber erst noch bissel Textsicherer werden.«
»Das ist wichtig (Daumen n.o. Emoji). Der Text muss sitzen. Sonst bist du aus dem Takt und die denkt, der hat's aber gar *ned* drauf.«
»Ja.«
»Spätestens beim XYZ, drehen sie durch und du denkst wo kommt plötzlich bloß die *Monsterwelle* her.«
»Ein *Eufz-Tsunami*. Die perfekte Welle ... ich surf dann drauf.«
»Brüll. Wenn du dann noch *plätscherst*, wie beim Süßen Brei, ist die große Liebe vorprogrammiert.«
»Lol. Ich bekomme Angst. Keine großen Gefühle bitte.«
»Die Welt der Liebe (ängstlich Emoji). Besonders heimtückisch, denn du bekommst keine Frühwarnung.«
»Ja, keine Richterskala.«
»Nö und manchmal nur leichte Eruptionen, aber der Vulkan schlummert nur und wartet mit dem Liebestrom bis zum plötzlichen Ausbruch. Sie bäumen sich dann auf. Es wird geschrien und gekratzt. Sie wollen Blut sehen. Ohne Kampf geht es nicht. Die Geschichte ist voll davon (Schutzhelm Emoji).«

---

[43] Ein wahrlich sittliches und kritisches Gedicht von Friedrich Schiller (1759-1805).

»*Mann* braucht praktisch einen Rückenpanzer.«
»Ja oder Nerven aus Draht. *Eiscold* im Schmerz baden und mitsingen, wie damals auf der Titanic.«
»Yeahrr.«
»Hmm, bist du abgelenkt? Machst du CS nebenher?«
»Nein nur müde, das mit CS bist du.«
»Stimmt. Erst gestern wieder, lag schon im Bett, da wollte Immerrot nochmal ran, an die Tasten. Du musst dich schonen, als Ritter der Tafelrunde. Du bist einer der Retter der Nation oder zumindest der verlorenen Liebe zwischen den Geschlechtern (betende Hände Emoji).«
»Stimmt es gibt wichtigeres.«
»Ja den *Eufz-Gral* finden. GN.«
»*Guten* Nacht. Ich reite zurück und werde morgen versuchen mein Schwert mal wieder in die *Scheide* zu stecken. (Regenbogen Emoji)«
»Eher kleines Taschenmesser.«

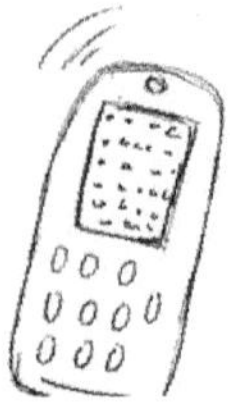

Steak raw

Heute: 15.01.2022

»Der Korona Kack regt mich total auf (kotz Emoji).«
»Wenn ich positiv Test habe, na und. Da leg ich mich paar Tage daheim hin und *poliere meine Flinte* wie verrückt (Smile und Wassertropfen Emoji).«
»Jaja. Jetzt sagst du das.«
»Heißt leck mich am Arsch.«
»Nö.«
»Doch.«
»Fuck yu!«
»Two. *Votze Tastatur*. Too.«
»(Lach Emoji) Liegt an deinen Wurst Fingern oder krumm vom vielen *wiksen.*«
»(lachender Geist Emoji) Nach Toni, werden alle positiv getestet, weil die Tests nichts taugen und die betrügen.«
»(ungläubig Emoji) Ach wen interessiert noch was die darüber bringen. Die Wahrheit ist, dass es hier keine echte Freiheit gibt. Das meinte schon Jaspers[44]. Lass uns lieber über den Aussteiger Plan sinnieren. Ich mache dich zu meinem Hof Eunuchen.«

---

44 Karls Jaspers (1883-1969), Psychiater und Philosoph.

»Dann werde ich *totgemaust* von deinen Haremsdamen.«
»Nö, dein *Schniedel* ist ab.«
»Lasse ich nicht zu (Hand und Totenkopf Emoji).«
»Ich befehle, denn ich bin rich. Ein Krösus.«
»Lass du ihn abmachen, dann ist deine Sexsucht Vergangenheit.«
»Nein das wäre Sünde. Sie lieben doch meinen veganen *Zaubersaft* so (betende Hände Emoji).«
»Sie sagen dir nur was du hören willst. (Daumen nach unten Emoji)«
»Sie sagen die Wahrheit, denn sie sind mir verfallen.«
»Auf alle *Schwänze*. Jetzt ist es raus. So läuft nämlich der Hase. Die *Damen* sind viel versauter und potenter (schwör Emoji).«
»Ja und vegan ist Trumpf. Sie sagen immer mach mich fertig mit deinem *Riesenrettich.*«
»Da meinen die vermutlich den aus der Küche.«
»Hab da keinen. (Zwinker Emoji)«
»Haha. Jeder Veganer hat 'nen Rettich. Das ist bekannt.«
»Bin kein Veganer mehr (schwör Emoji). Sie flehen nach dem *Gemüse*, und meinen virtuosen Fingern.«
»Sie wollen echte Kerle, wie mich oder Gelhart.«
»Äh, nein. (Daumen nach unten Emoji)«

»Mach dir nix vor.«
»Es ist alles wahr ich habe nichts zu verlieren.«
»Du weiß es. Sie wollen sehen wie der Mann ein blutiges Steak frisst und so wollen sie *gepimpert* werden. Sie lieben es animalisch.«
»Ich ritze mich dann. Das geht auch. (Schwör Emoji)«
»Ein guter Trick. Könnte funktionieren.«
»Es klappt immer, wenn nicht lasse ich einen *Pups* zur Ablenkung.«
»Das mögen sie auch.«
»Yes. Wie Klebstoffkinder.«
»Ich muss gleich pennen. Fürchte dich nicht vor dem Wind. Denn er weiß, wohin er weht.«

Anmerkung von Franz
Es war grade Orkan an der Küste.

»Ja penn. (Regenbogen Emoji)«
»Will hier nicht so lange Licht anhaben. Es lockt die *Motten* aus der Nachbarschaft an.«
»Du bist total irre. *#metooirre*, (Schwör Emoji). Ein Hans Dampf in allen Gassen.«
»Kann sein. Hast du es der Italienerin gesagt, dass nix geht?«
»Morgen. Heute war Hatshepsut dran.«
»Hast du es ihr gesagt?«
»Weiß nicht mehr wen du meinst. Morgen sag ich der Italienerin auf alle Fälle ich Franz nicht Hans.«

»Sag's ihr nicht, denn sie will vielleicht gar nix.«
»Oke. Sage ihr einfach pro forma, du hast dich getäuscht, ich bin nicht diese Sorte Mann.«
»Dann sagt sie ich weiß.«
»Dann mache ich auf beleidigt und sage, gehe doch zu Hans, der macht sowas ständig. Er ist ein *Schauvi.*«
»Ja ich *pudere* sie alle (Daumen n.o. Emoji).«
»Yearrr.«
»Aber jede nur einmal.«
»Wie Anja. Brüll. Du bist schnell *abgeturnt.*«
»Bei mir ist es ein einmaliges *Lusterlebnis*, unvergesslich.«
»Das ist gut. Du ziehst Grenzen.«
»Ich mag nicht wenn die Forderungen stellen, dann mach ich off.«
»Verstehe du bist sensibel.«
»Ja genau. Du hast es.«
»Lol. Du bist ein Geschenk und Geschenke gibt's nur einmal, man kann sie nicht zweimal auspacken.«
»Ja, mein Körper ist das Geschenk für sie, aber nur zur Kurzzeitmiete. Wie eine S-Klasse bei Enterprise. Gibt's nur einmal im Angebot.«
»Sehr schlau aber auch fair.«
»Ja.«
»Jede soll man in den Genuss kommen können.«

»Eben.«
»Der sich jetzt ausruhen muss, vor seinem nächsten Galopp.«
»Ja, Hochleistungsmaschinen brauchen viel Wartung damit sie im Rennen laufen wie verrückt.«
»Beauty nap.«
»The machine.«
»Jaja. Gute Nacht *Maschinchen.* (Regenbogen Emoji)«

Regenbogen

Heute: 22.01.2022

»Hello Hombre noble (Smile Emoji).«
»Moin, für dich (Mundwinkel n.u. Emoji).«
»Muss dich was wichtiges Fragen.«
»Schieß los, bin immer bereit.«
»Gestern hatte ich geilen CS mit Immerrot.«
»Oke, das übliche halt? Ihr schickt euch Schweinische Aufnahmen und stöhnt euch was vor.«
»Ja, aber sie ging sehr weit. Hat mir alles gezeigt.«
»Toll, toll, schick mir mal paar Sachen.«
»Nö, Datenschutz und ich bin doch Ehrenmann. Du brauchst das nur zum *Aufgeilen*. Findest es nämlich in Wirklichkeit hot.«
»Ja schon, aber auf Dauer, brauch ich was Handfestes.«
»Schweinbraten und Bratwurst. (Lach Emoji)«
»Ja, das Fett muss triefen.«
»Lol. Das ist mir to much flesh. Ich bin da so eher der *Blümchen-Flüsterer*.«
»Brüll. Du bist nur verklemmt, unterdrückst deine Gefühle auf frisches Fleisch.«
»Fängst du jetzt mit Küchenpsychologie Geschwafel an? Lol. Auf alle Fälle würde mich

brennend interessieren lieber Therapeut Dr. med. dent. Hans Hansi Wurst, warum stehen so viele Frauen auf mich? Und warum wollen sie alle Sex mit mir und dann heiraten.«
»Glaube du bist sowas wie ein Heiratsschwindler. Sie wissen ja nicht, dass du in der Realität nix treibst (Gespenst Emoji).«
»Das ist gemein. Alle lieben mich, sogar die Männer. Ich glaube das liegt daran, weil ich so perfekter Typ bin. So unangreifbar und unerreicht. So lieb, so herzlich, so grad raus, so ein guter *Romeo* und zu jedem nett, auch die die mit Angler Klamotten rumlaufen. Alle sind bei mir Willkommen und ich *vernasche* jede gleich. Mache da keinen Unterschied.«
»Du lobst dich wieder selbst und willst, dass ich da mitmache. Wie bei der Herzkönigin, das Gefolge. Aber das mache ich nicht. Ich gehe jetzt erstmal auf den Topf. Die ganze Scheiße von dir drückt (Daumen n.u. Emoji).«

Anmerkung von Franz
Hans bleibt stumm. Franz erinnert sich, dass er schon viele Leichen auf dem Klo hatte. Damals wurde im klar, wie gefährlich das braune Geschäft ist und dass so mancher beim Kacken, sein Leben aushauchte. Im Buch „DER LETZTE BESCHISS" wurde das schon thematisiert.«

»Hansilein. Verdünnisierst du dich wieder, weil ich dich getroffen habe. Du bist neidisch, weil ich so dolle bin. (Regenbogen und angespannter Bizeps Emoji). Ganz normal. Das ist dein inneres Kind.«
»Arschloch. Du bist so gütig wie Mutter Theresa. Du glaubst du handelst aus Barmherzigkeit, dabei ist es nur *dummer männlicher Trieb*. Und ich kann dein Philosophie Geschwätz echt nicht mehr hören, weil es so schlecht ist (Daumen n.u. Emoji).«
»Oke, Denke du könntest recht haben oder auch nicht. Auf alle Fälle bist du ein Rebell.«
»Du willst mir Honig um den Bart schmieren. *Vuk Yu*.«
»Siehste, das war der Beweis. Das wollen sie doch alle. Du also auch. Lol. Du bist keinen Deut besser, wie die Hasis. Alle wollen nur Sex mit mir und heiraten, aber meine inneren Werte interessieren sie nicht. (Heul Emoji)«
»Es gibt halt keine. Brüllll.«
»Jetzt biste wieder eingeschnappt. Kannst nur die Wahrheit nicht vertragen. Du *Homer-Dildo-Lutscher*. (Regenbogen Emoji und Faust Emoji)«
»Ich will ja nicht mal mehr geile *Püppchen begatten*. Bei Anja geht wieder die Phantasie durch. Sie will mit mehreren gleichzeitig.«

»Anja geht's wie mir. Wir beiden haben keine Wahl. Im Auftrag der Liebe müssen wir diese Opfer bringen.«
»Mir reichts. Gehe jetzt walken am Karlstern.«
»Okay viel Spass, aber pass auf wegen den wilden Tieren. Wahrscheinlich wirst du wieder angemacht.«
»Ja, die zweibeinigen Hasis spüren meine Potenz.«
»Mann wir sind glaube ich schon ganz schön irre.«
»(Daumen nach oben Emoji)«
»Denke, wenn das jemand lesen würde, würden sie uns steinigen.«
»Oder ein Denkmal setzen, weil endlich mal jemand sagt, wie es wirklich ist.«
»*Aso*, du glaubst also wir zwei wissen es?«
»Lol. Zumindest wie es läuft.«
»Wie läuft es? Wir müssen diesen Punkt noch klären, falls das irgendwann doch einer mal veröffentlicht. Ging ja durchs Netz und man weiß nie. (Irritiert Emoji)«
»Sag du es doch. Du bist doch der Philosoph. (Daumen nach oben Emoji)«
»Oke. Ich habe immer was zu blubbern. Hier kommt meine Prophezeiung: Die meisten interessieren sich nicht in der Tiefe für das was vorgeht. Sie bleiben nur auf der Oberfläche.

Es ist kein ernsthaftes Leben, das sie führen, sondern ein Zerstören dieser Welt und unserer Mitmenschen und um das nicht zu spüren und die Verantwortung nicht übernehmen zu müssen, betäuben sie sich mit einem hedonistischen Lebensstil. So mein *Gudschder* das wars.«

»Habe das Gefühl, wir sind am Ende seriös geworden. Aber von der Liebe haben wir auch keine Ahnung. Wir wissen nur so wie's grade läuft ist keine in der Welt. (Lach Emoji)«

»Wir sollten auch das mit der *Vögelei* lassen. (Regenbogen Emoji)«

»Sie werden alle denken, was sind das für Langweiler.«

»Lol. Wir sind Bodhisattwas auf dem Pfad des Herzens. Wir suchen die große Liebe, da ist Sex nur hinderlich. (Daumen nach oben Emoji)«

»Gut, habe zwar keine Ahnung davon, aber läuft.«

»Heute wollen wir noch Schweine sein, aber ab morgen ändern wir unser Leben. (Lach Emoji)«

»Wir werden die ersten serösen und vernünftigen Männer (Sektgläser Emoji).«

»Genau, wir machen die Männer wieder weich, wir zeigen, dass das männliche Geschlecht nicht nur von Trieben gesteuert ist, sondern dass wir Männer, eigentlich so schwach sind, dass wir als zukünftige

Minderheit unter Artenschutz gestellt werden müssen.«
»(Lach Emoji, Daumen nach oben Emoji und Regenbogen Emoji)«
»(Daumen nach oben und Regenbogen Emoji)«
»Men at work!«

Ausritt

Liebe Leserin und lieber Leser, vielleicht haben wir bei der Ouvertüre den Mund zu voll genommen oder die Trommeln zu stark geschlagen.

Das macht nichts. Wir trommeln gerne und das männliche Geschlecht besteht aus *unperfekten* Gauklern und Luftschlangenwerfern – nicht umsonst war Münchhausen ein Mann, zumindest wirkt er so.

Die Menschheit hat es bisher nicht geschafft in Frieden miteinander auszukommen und das zieht sich bis in die kleinste Zelle hinab – viele halten die Liebe nicht durch.

Stur hangeln wir uns am immer gleichen Todesstrudel entlang und hoffen auf Fortschritt und Technologie und nutzen die Analyse. Aber auch das gab es schon immer.

Die Idee des großen Wohlstands für alle. Das Denken an die Vergangenheit und die Bilder der Zukunft, behindern uns in der Gegenwart.

Nach unserem Dafürhalten leben wir in einer Männerwelt und das schon seit Anbeginn der Zeit (*Männer machen zu viel Krieg*). Das

Zeitalter der Frau und eines Supercomputers zieht am Horizont auf – in der Hoffnung, dass es friedlicher wird.

Nach unserem Dafürhalten ist für ein freies und friedliches Dasein aller Menschen nur ganz wenig von Nöten. Auf der nächsten Seite haben wir dies unter dem Stichwort 10 Punkte zur Freiheit zusammengefasst.

10 Punkte über die Freiheit

Wir sind eine Menschheitsfamilie deshalb

Zusammenhalten

Keine nationalen Grenzen

Friedliche, einende Religionen und Götter

Keine Ideologien

Keine doofen Ideen – stattdessen

Achtsamkeit

Keine Korruption

Freiheit für alle

Alle sind gleich

Keine Waffen und Kriege

Liebe und Humor und ZEN

Gender-Disclaimer und Netiquette

Sollten wir ihre Gefühle verletzt haben, so tut es uns leid, das lag uns fern. Unsere Inhalte verstehen sich als Unterhaltung und Anregung. Ein konstruktiver Beitrag. Zum Zwecke der Lesbarkeit wurde auf die geschlechterspezifische Schreibweise verzichtet. Alles ist somit neutral zu sehen oder wie Sie möchten, aber immer harmlos. Sollten Sie irgendwo einen Fehler entdecken, dürfen Sie das gerne mitteilen. Für freundliche konstruktive Beiträge sind wir Ihnen sehr dankbar.

Bisher von Robert Patrick Martin im Rediroma-Verlag als Softcover und eBook erschienen sind folgende Titel:

Total geile(r) Psycho
ISBN 978-3-96103-747-6
398 Seiten

Getäuschter Mann
ISBN 978-396103-798-8
220 Seiten

Bald ist Ladenschluss
ISBN 978-3-98527-347-8
200 Seiten

Mannheim - Mittelpunkt der Welt
ISBN 978-3-98527-003-3
223 Seiten

Herzverlierer
ISBN 978-3-98527-191-7
365 Seiten

Neandertal-Rules
ISBN 978-3-98527-281-5
192 Seiten

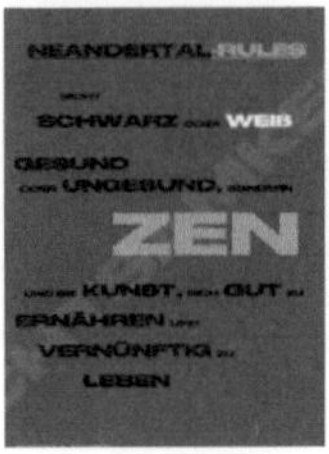

DER LETZTE BESCHISS
ISBN 978-3-98527-533-5
235 Seiten